Homens, dinheiro e chocolate

FONTANAR

Menna van Praag

Homens, dinheiro e chocolate

Tradução
Michele Gerhardt MacCulloch

FONTANAR

Todos os direitos desta edição reservados à
EDITORA OBJETIVA LTDA. Rua Cosme Velho, 103
Rio de Janeiro — RJ — CEP: 22241-090
Tel.: (21) 2199-7824 — Fax: (21) 2199-7825
www.objetiva.com.br

Título original
Men, Money & Chocolate

Capa e projeto gráfico
Tita Nigrí

Imagem de capa
© Anton Zabielskyi / Shutterstock

Revisão
Flávia Midori
Joana Milli
Regiane Winarski

Editoração eletrônica
Abreu's System Ltda.

CIP-BRASIL. CATALOGAÇÃO-NA-FONTE
SINDICATO NACIONAL DOS EDITORES DE LIVROS, RJ

V297h
Van Praag, Menna
Homens, dinheiro & chocolate : uma história sobre a busca por amor, sucesso e prazer, e como ser feliz antes de conquistar tudo isso... / Menna Van Praag ; [tradução de Michele Gerhardt MacCulloch]. - Rio de Janeiro : Objetiva, 2009.

174p. ISBN 978-85-390-0026-5
Tradução de: *Men, money & chocolate*

1. Autoajuda; 2. Relacionamentos; 3. Romance feminino. I. MacCulloch, Michele Gerhardt. II. Título.

09-4841. CDD: 823
CDU: 821.111-3

Para Artur, meu amor, minha luz.

Vá àquele lugar de silêncio interno.
Sentirá a vastidão do mundo
e suas ilimitadas possibilidades.
Saberá que pode fazer qualquer coisa
e ter tudo.
Verá que, neste momento,
você é perfeita, exatamente como é.

Uma nota sobre a autocrítica

No começo dessa história, Maya, a protagonista, odeia a sua vida, mas não sabe como mudá-la. Presa numa armadilha que reúne o medo, as dúvidas e os pensamentos negativos, ela acredita que nunca terá a vida que almeja.

Então, conhece várias pessoas extraordinárias que lhe revelam alguns segredos da felicidade. Com a ajuda delas, Maya encontra coragem e paixão para construir uma vida feliz para si mesma.

Mas, no começo, Maya continua vítima de um sentimento de autopiedade. Talvez você, leitora, não se sinta à vontade com a atitude de Maya, principalmente se também costuma ser dura e exigente consigo mesma. Talvez fique irritada com ela, critique-a por estar estagnada, da mesma forma que, possivelmente, se critica por "erros" parecidos.

Entretanto, ao acompanhar Maya em sua jornada, você começará a descobrir o valor de ser generosa consigo mesma. Ao aceitar as atitudes de Maya e sentir compaixão por seu sofrimento, também aprenderá a amar a si mesma de forma incondicional.

E o amor incondicional é, claramente e acima de tudo, um dos segredos mais profundos e essenciais para a felicidade.

Todo dia, Maya perdia uma batalha contínua: não conseguia resistir à vontade de comer croissants de chocolate no café da manhã. Às vezes se segurava por algum tempo, mas raramente chegava às dez horas sem ter devorado dois croissants num frenesi de culpa. Inevitavelmente, o resto do dia era marcado por deslizes semelhantes. Toda vez que sentia a tentação de comer uma guloseima de chocolate, Maya, em desespero, se perguntava por que não era capaz de vencer a batalha contra uma fatia de torta mousse.

Sempre que Maya entrava no Café Cacau, sentia um aperto no coração. Todo dia era a mesma coisa. Acordava de madrugada, quando ainda estava escuro, vestia sua roupa, tomava um café e descia lentamente as escadas que ligavam seu apartamento à confeitaria. Depois, passava as horas seguintes fazendo pães e bolos, até que o primeiro cliente tocasse o sino.

Quando menina, Maya adorava a confeitaria que tinha sido o sonho de sua mãe. Ajudava a cozinhar, varrer e servir. Sentava-se atrás do balcão enquanto a mãe, Lily, ocupava-se com o entra e sai dos clientes.

Maya tinha prazer em cortar grossas fatias de torta de chocolate com cereja, bolo de limão siciliano e torta de merengue com framboesa. Oferecia aos clientes *donuts* de lavanda fresquinhos e biscoitos de limão cristalizado, recém-saídos do forno. Sorria ao ver o brilho nos olhos das pessoas enquanto servia as sobremesas sobre o antigo balcão de carvalho.

Quando Maya fez 18 anos, finalmente sentiu que estava pronta para deixar o aconchego do café e sair para o mundo. Conquistou uma vaga na Universidade de Oxford para estudar Literatura e estava muito animada. Só falava nisso. Os clientes a parabenizavam, e Maya retribuía o carinho dando-lhes bolinhos de chocolate de graça. Lily estava tão orgulhosa da filha que chamou a torta da semana de Tiramisú Universitário em homenagem à Maya e manteve a receita no cardápio o verão inteiro.

♥

Oxford era tão maravilhoso quanto Maya sonhara. Ela caminhava entre palavras, passava o tempo lendo histórias e as noites criando novos contos para os personagens de seus sonhos.

A literatura era sua paixão, e Maya ia conquistando as prateleiras da biblioteca em ordem alfabética, escondendo-se no labirinto de corredores que continha pelo menos um exemplar de cada livro que já fora impresso.

Certa noite, quando Maya estava estudando na biblioteca, se deparou com um livro muito especial. Horas depois, quando finalmente terminou de ler, olhou pela janela e sorriu para as estrelas. Percebeu que finalmente tinha encontrado seu lugar no mundo. Naquele momento, soube que era uma escritora. No silêncio, escutou sua alma falar e sentiu-se viva pela primeira vez: brilhante como um raio e leve como o ar.

Desde então, Maya passou a escrever o tempo todo. Enchia cadernos com tanta rapidez que logo havia centenas deles espalhados pelo chão do quarto. Qualquer pedaço de papel se transformava em uma página. Rascunhava romances em guardanapos, recibos e ingressos, e às vezes se surpreendia com frases tão bonitas e verdadeiras que ficava sem fôlego.

Contudo, seis meses depois de Maya partir para Oxford, sua mãe adoeceu. No início, ninguém sabia o que era. Ainda havia esperança. Mas após dois meses, quando o diagnóstico foi confirmado, Maya largou a faculdade e voltou para casa para cuidar da mãe. Lily viveu até o Natal e, naquela noite, pediu a Maya que cuidasse da confeitaria.

Já fazia dez anos que fizera essa promessa e, agora, Maya tentava não pensar sobre o dia em que perdeu a mãe e o momento em que perdeu seu rumo na vida. Mas a dor ainda persistia em seu coração, aninhada em um canto escuro e úmido, e latejava sempre que lembrava aquela noite.

♥

Maya suspirou ao atravessar a confeitaria, passando pelas prateleiras vazias que logo estariam repletas de bolos e confeitos de chocolate, e desceu degrau por degrau as escadas que levavam até a cozinha do café. Ali ficou, debruçada sobre tigelas, arrumando assadeiras de bolo, abrindo fornos, provando lascas de chocolate, até o sol nascer.

Depois de abrir as portas da confeitaria, Maya preparou um cappuccino e se sentou atrás do balcão, olhando a chuva que caía do lado de fora. Viu as pessoas passando apressadas, escondidas embaixo de seus guarda-chuvas e prosseguindo apesar do vento.

Todo dia Maya perdia uma batalha contínua: não conseguia resistir à vontade de comer croissants de chocolate no café da manhã. Às vezes se segurava por algum tempo, mas raramente chegava às dez horas sem ter devorado dois croissants num frenesi de culpa. Inevitavelmente, o resto do dia era marcado por deslizes semelhantes. Toda vez que sentia a tentação de comer uma guloseima de chocolate, Maya, em desespero, se perguntava por que não era capaz de vencer a batalha contra uma fatia de torta mousse.

Olhou para a bandeja de bolinhos de chocolate sobre o balcão e prometeu a si mesma que, hoje, não comeria nenhum doce. Baixou o olhar e viu o livro de autoajuda fechado em suas mãos, o título prometendo curar seu vício por homens indisponíveis, e, ao fazer isso, teve a triste visão de sua barriga redonda, evidente por baixo do avental. Maya virou a página, tentando se concentrar, mas seu coração não estava ali.

Maya temia abrir mão de seus sonhos de uma vez por todas. Há anos tentava terminar um romance, rascunhando frases entre fornadas de bolos, pedidos de clientes e preocupação com contas. Havia tentado, esperado e desejado encontrar um grande amor, mas passara a última década solteira ou se recuperando de algum relacionamento fracassado. E todos os dias tentava impor a si mesma uma dieta rigorosa, invocando suas reservas cada vez menores de força de vontade. E todo dia sucumbia à tentação.

Homens, dinheiro e chocolate eram temas constantes que moldavam o mundo de Maya. Quase sempre vinham acompanhados de autocrítica e tristeza. Em busca do amor, do sucesso e da perda de peso, ela não encontrara nada parecido com felicidade, mas continuava tentando. Nunca ocorreu a Maya que poderia estar equivocada; que, em sua obsessão, talvez estivesse se esquecendo de alguma coisa.

Às vezes, Maya sentia a presença de algum segredo para a felicidade que estava logo ali, porém fora de seu alcance. Em raros momentos, se surpreendia por uma sensação de alegria infantil quando se debruçava sobre uma tigela, sentindo o cheiro açucarado de massa de bolo, ou quando espiava os raios de sol por trás das folhas douradas. Sem saber por que ou como, a lembrança de alguma coisa que já conhecera a tocava e, de repente, ela sorria, vendo um mundo novo e alegre se abrindo à sua frente. E por um momento eterno, uma sensação de paz e conforto se apossava dela. Porém, um segundo mais tarde, a sensação desaparecia.

Por isso, apesar de acreditar, no fundo de seu coração, que um dia seria realmente feliz, não fazia a menor ideia de como chegar lá.

♥

Maya tomou um gole de seu cappuccino e olhou para as mesas. Na época em que Lily tocava o café, o lugar vivia cheio, com o barulho constante de pessoas conversando, felizes. Mas hoje em dia costuma estar vazio.

Uma das preocupações de Maya era a de que não estava conseguindo quitar suas dívidas como deveria. Nos primeiros anos depois da morte de Lily, cometera alguns erros graves. Dez anos mais tarde, eles ainda pesavam; e o número de cafés — geralmente pertencentes a alguma rede — se multiplicando pela cidade como projetos de clonagem genética não ajudava nem um pouco. Toda semana pareciam brotar pelo menos três novos estabelecimentos em uma única rua.

Mas, pelo menos por enquanto, Maya estava aguentando firme, lentamente se afastando do risco de falência. Tinha clientes fiéis, que foram fiéis à sua mãe e agora eram a ela. Contanto que ela continuasse a servir os famosos brownies de chocolate com aveia de Lily e fosse generosa com as raspas de chocolate que salpicava nos cappuccinos, sabia que poderia contar com eles.

Maya viu um casal sentado no canto, aninhado nas almofadas de veludo vermelho. O homem sussurrava no ouvido da garota, que ria. Maya afastou o olhar e pegou um bolinho. Ver duas pessoas apaixonadas, quando ela não tinha ninguém, era demais; precisava de um chocolate.

Como sempre acontecia nesses momentos, Maya pensou em Jake.

Jake era um cliente com quem Maya fantasiava regularmente. Passava horas imaginando o mesmo cenário fantástico: os dois juntos em um lindo e chiquérrimo apartamento em Paris, tomando banho de banheira enquanto brindavam com champanhe e serviam morangos um na boca do outro. Ao mesmo tempo que sonhava acordada, imaginava também que podia comer inúmeros bolos de chocolate sem ganhar nenhum quilo. Às vezes o sonho variava um pouco, em geral os lugares eram outros.

Jake era alto, louro e lindo a ponto de fazer seu coração parar. Na verdade, Maya achava que ele não merecia ser tão bonito. Ou que ela não merecia alguém tão lindo, porque o fato era que ele raramente lançava um segundo olhar em sua direção. É claro que flertava, mas Maya sabia que ele era assim com todas, que essa era a sua forma de se relacionar com o resto do mundo.

A postura e a atitude de Jake faziam Maya admirá-lo, adorá-lo e desejá-lo, embora ela mesma soubesse que ele estava totalmente fora de seu alcance. Por isso, ainda que ela chegasse perto o suficiente para tocá-lo, havia uma parte do coração dele que nunca conseguiria ser alcançada.

Mas isso não importava. Maya estava completamente apaixonada. E apesar de ter certeza de que ele era o tipo de homem que nunca se apaixonaria por ela, ainda mantinha uma última ponta de esperança. Da mesma forma que pessoas apostam na loteria toda semana, Maya sabia que, apesar de suas chances de sucesso serem muito pequenas, não era totalmente impossível que Jake um dia a escolhesse.

E até lá ela se contentaria em sonhar sobre uma possível vida juntos.

Às vezes, Maya escutava as conversas de Jake ao celular, enquanto ele esperava seu cappuccino, e assim ela acabava sabendo dos altos e baixos de sua vida amorosa. Escutava Jake mentir para namoradas, esconder outras, falar com mais de uma ao mesmo tempo. E cada nova revelação só aumentava ainda mais seus temores em relação a ele. Mesmo assim, achava que um dia, quando ele se apaixonasse pela mulher certa, deixaria de ser assim. E Maya achava que, com um pouco de sorte e muita fé, ela poderia ser essa mulher.

♥

O sino da porta de entrada tocou e Maya levantou a cabeça. Era Jake. Ele sacudiu a água do guarda-chuva e, na mesma hora, abriu um sorriso deslumbrante. Maya se endireitou e contraiu o abdômen. Jake se aproximou do balcão, ainda com o sorriso de mil quilowatts.

— Eu vou querer... — começou ele.

— Um cappuccino médio, com bastante raspa de chocolate — terminou Maya.

— Isso mesmo. Obrigado.

Maya virou-se para a máquina de café, se arrependendo por não ter lavado o cabelo naquela manhã.

— Hoje está mais tranquilo do que de costume — disse Jake.

— Eu sei — disse Maya, mais uma vez pensando no número cada vez menor de clientes e de sua precária situação financeira.

Jake não disse mais nada, e as palavras de Maya ecoaram no silêncio. Ela buscou alguma coisa devastadoramente brilhante para dizer, mas não apareceu nada. Finalmente, voltou-se para ele e serviu o cappuccino. Jake tirou a tampa e o provou.

— Perfeito.

— Você deve ter lábios de amianto — Maya sorriu, fitando-os.

Ele lhe entregou o dinheiro.

— O quê?

— Não, digo — falou Maya —, só quis dizer que... que não consigo beber quando está tão quente.

— Ah?

— É, mas não quis dizer que...

Maya procurava as palavras, perdida nas feições perfeitas de Jake. Foi quando seu celular tocou e ele se virou para atender, caminhando em direção à porta. Maya não tirou os olhos de Jake, debruçando-se um pouco sobre o balcão para vê-lo saindo. Esperou até a porta fechar para soltar um grunhido de frustração e, resignada, deixou a cabeça cair até o balcão.

♥

Maya ficou sentada atrás do balcão, digerindo um sanduíche e mais um bolinho, culpando o episódio decepcionante com Jake por ter lhe conduzido para o conforto do chocolate. Folheou uma revista e invejou as celebridades magérrimas enquanto tentava esquecer que nem era meio-dia e já quebrara duas vezes a sua promessa de não comer chocolate.

Maya não se sentia frustrada desde sempre. Embora não lembrasse direito, vinte anos atrás era extremamente feliz. Livre de dúvidas e medos, sabia exatamente o que queria da vida e como consegui-lo. Desejo e determinação faziam parte dela, e Maya tinha certeza de que seu futuro seria maravilhoso.

Na infância, Maya costumava imaginar a vida gloriosa que teria quando fosse adulta, com um homem lindo que a adorasse, um filho e um trabalho que fosse tão prazeroso quanto brincar.

Na época, gostava de conversar sobre essas coisas com Deus. Não tivera uma criação religiosa, então não falava com um deus específico. Era mais uma sensação com a qual se conectava, uma sensação de que algo ou alguém estava ali. Escutando.

Maya costumava contar seus sonhos para o céu, para as nuvens, para um pássaro ou uma árvore. Em tudo que ela via, sentia uma vibração de magia, de energia cósmica, divina. Então falava e falava. E mesmo não escutando as respostas em sua cabeça, sabia que elas vinham porque as sentia no coração.

Adorava essas conversas, sentia-se como se guardasse uma conexão secreta e especial com a criação. Saltitava pelas calçadas, esticando-se para tocar nos galhos das árvores, para sentir o calor dos raios de sol e sorrindo enquanto o coração pulava de alegria. Pouco se importava se as pessoas olhassem de forma estranha para ela. Simplesmente sorria, querendo compartilhar o segredo com todos, mas sem saber como.

Maya se relacionava com o mundo como se ele fosse um ser vivo que ela amava, imaginando ser totalmente conectada a tudo, de corpo e alma. Procurava padrões nos ritmos da vida e buscava indícios de respostas enquanto refletia sobre os mistérios que a existência lhe lançava. Brincava com tudo, dançava com as folhas das árvores que rodopiavam ao vento, imaginando que eram levadas pelo sopro de um universo que se encantava com toda sua criação.

Às vezes, em silêncio, passava longos e arrastados momentos apenas observando as coisas ao seu redor. Adorava ficar ao ar livre, sentada na grama olhando os pássaros mergulharem no céu. Mas o que mais gostava de fazer era observar os sapos. Gostava de deitar de bruços, esperando uma agitação na grama. E quando um sapinho verde pulava na frente de seu nariz, seu coração pulava junto. Ela chegava bem perto depois que ele aterrissava e espiava o minúsculo coração pulsar enquanto esperava o próximo impulso de pular.

Lily costumava observar Maya conversando com o céu e isso a preocupava. Mas dissera para si mesma que Maya amadureceria. E foi o que aconteceu. Um dia, Maya parou de falar com Deus.

Tinha nove anos. Era seu primeiro dia de aula na escola nova. Estava tão animada para conhecer suas novas amigas, passear com elas, compartilhar seus segredos com todas. Mas naquele dia, enquanto saltitava entre as árvores e conversava com os pássaros, sentiu o horror de ser a esquisita, de ser alvo de zombaria na hora do recreio. Os risos das outras crianças enchiam o ar, e lágrimas escorriam pelo rosto de Maya. A humilhação subiu pela sua espinha, parou no peito e encobriu seu coração. O gosto amargo ficou em sua boca durante dias, e as vozes assombraram seus sonhos por anos.

Foi a última vez que olhou para o céu, sorriu para o nada e conversou com algo que sentia mas não via. Anos depois, Maya ainda se lembrava daquele momento e compreendia por que a maioria dos adultos levava a vida com tanto cuidado e controle, com medo de sorrirem para estranhos. Compreendia que o medo do constrangimento abafava a alegria.

Agora Maya não abria seu coração para Deus, nem para ninguém. Guardava seus sonhos e desejos para si. Os segredos ficavam trancados a sete chaves, apenas examinados em momentos de extrema solidão.

Mas o fato de não confessá-los a ninguém não a impedia de passar o dia sonhando acordada. Os sonhos persistiam em sua mente quando estava debruçada sobre o balcão da confeitaria. E, se ninguém a interrompesse, Maya poderia passar horas sonhando acordada.

Maya ficou sentada atrás do balcão, digerindo um sanduíche e mais um bolinho, culpando o episódio decepcionante com Jake por ter lhe conduzido para o conforto do chocolate. Folheou uma revista e invejou as celebridades magérrimas enquanto tentava esquecer que nem era meio-dia e já quebrara duas vezes a sua promessa de não comer chocolate.

Forçou-se a não pensar em Jake; em vez disso, decidiu se concentrar na limpeza da máquina de *espresso*. Parecia que não haveria muitos clientes naquela manhã, então aproveitou a oportunidade para desmontá-la.

"Você acha que tem algo de errado com você. Acha que está acima do peso, que é incompetente e que não tem força de vontade. Mas isso não é verdade."

Com a cabeça ainda mergulhada na máquina, Maya foi interrompida pelo barulho de alguém tossindo. Virou-se e viu uma pequena senhora do outro lado do balcão.

— Ah, olá — disse Maya, logo limpando as mãos no avental. — Eu estava só...

— Eu queria um chocolate quente grande, minha querida — declarou a senhora —, com bastante espuma de leite.

— Infelizmente não poderei servi-la. Estou limpando a máquina.

Maya preparou-se para enfrentar a irritação da senhora. Mas esta apenas sorriu, depois encostou o nariz na vitrine e apontou para o bolo de laranja com pedaços de chocolate que Maya tinha assado naquela manhã.

— Então, querida, vou querer uma fatia grossa daquele bolo, que está com uma cara deliciosa.

Maya assentiu e abriu a vitrine, tirando o bolo. Cortou uma fatia enquanto a senhora a observava com um sorriso. Maya tentou manter a cabeça abaixada e se concentrar. Mas havia algo na mulher que a fazia sorrir também. Não conseguia definir o que exatamente, mas ela tinha algo de especial.

— Gostaria de me acompanhar? — convidou a senhora.

— Como?

— Em uma fatia de bolo.

— Ah, não... Estou um pouco ocupada.

A senhora olhou nos olhos de Maya e perguntou:

— Mesmo?

Maya franziu a testa. Nas raras vezes em que os clientes falavam com ela, não falavam assim, diretamente. Fora alguns "obrigados", nada significativo acontecia em suas interações no café.

Maya olhou desconfiada para a senhora. Para uma pessoa tão franca, ela tinha uma aparência dócil demais. Uma mulher pequena com cabelos curtos e grisalhos, usando um conjunto *twinset* azul, pérolas e pequenos olhos que a fitavam com determinação por trás dos óculos dourados. Mas os olhos brilhavam. Por nenhuma razão, ou talvez exatamente por esta, Maya de repente sentiu que confiava nela.

— Não, não estou ocupada — admitiu Maya.

— Então, por que não me acompanha?

Isso era algo que Maya não fazia desde garotinha. Naquela época, conversava com todo mundo, sempre acompanhando fregueses em fatias de bolo, brownies e xícaras de chocolate quente. E agora percebeu o quanto sentia falta disso. Com um leve aperto no coração, Maya concordou, deu a volta no balcão e seguiu a senhora até uma mesa.

— Meu nome é Rose — disse ela, sentando-se.

— Eu sou Maya.

Ficaram sentadas em silêncio. Rose devorou a fatia de bolo. Após várias garfadas, levantou o olhar.

— Eu estava certa. Este bolo é uma delícia.

— Obrigada.

— Não quer um pedaço?

— Não como bolo — mentiu Maya.

— Ah — disse Rose, com um pequeno sorriso.

Maya recostou-se na cadeira, tentando ignorar a tentação do bolo, resistindo ao impulso de tirá-lo de Rose e enfiá-lo na própria boca.

Enquanto Rose acabava de comer as últimas migalhas, pegando todas cuidadosamente com o dedo, observava a jovem moça com atenção. Maya se mexeu na cadeira, pouco à vontade. Não estava acostumada a ser observada desse jeito, o que a deixava desconfortável.

— Você não está sempre aqui, está? — perguntou Rose, gentilmente.

— Todo dia, exceto aos domingos — respondeu Maya.

— Não foi o que eu quis dizer, querida.

— Não?

— Quero dizer, você não parece estar realmente vivendo, apenas assistindo sua vida ser vivida — disse Rose. — E é por isso que se sente tão... insatisfeita.

— Insatisfeita?

— Você não se sente assim? Desculpe, querida, mas, para mim, você parece um tanto insatisfeita.

Maya ficou tão chocada quanto emocionada pelo que a senhora acabara de dizer com tamanha honestidade. E quando dizia "querida", ela parecia realmente querer dizer isso. Quando Maya sorriu, Rose retribuiu com um olhar de tanta compaixão que, para sua surpresa e constrangimento, os olhos de Maya se encheram de lágrimas.

— Sim, estou insatisfeita. Profundamente.

— Você não consegue esconder — Rose afirmou. — Está tudo em seus olhos.

— O que tem de errado com meus olhos? — perguntou Maya.

— Minha querida, falta brilho nos seus olhos.

Agora havia um prato de brownies de chocolate com aveia entre Rose e Maya. A senhora já estava mastigando seu terceiro pedaço enquanto a jovem apenas a observava. Rose empurrou o prato na direção de Maya, que balançou a cabeça.

— Tem certeza de que não quer nem um pedaço? — perguntou Rose, deixando cair migalhas em seu colo. — Estão deliciosos.

— Eu sei. Já comi pelo menos uns cem pedaços este ano — disse Maya, desembrulhando essa meia verdade com cuidado, revelando um pedacinho de si mesma para Rose.

— Ah, mas isso não é muito — disse Rose.

— É, bem, eu não disse exatamente a verdade — admitiu. — Como pelo menos três por dia.

Rose sorriu, pôs o último brownie na boca e ainda lambeu os dedos.

— Como você consegue? — perguntou Maya. — Como come tanto e continua magra?

— Se eu contasse, você não acreditaria em mim.

— Por que não? — Maya franziu a testa, tentando imaginar que segredo espetacular para perder peso esta senhora poderia esconder.

— Não posso lhe contar agora — Rose limpou as migalhas do seu colo. — Você está em uma jornada e vai chegar lá. Mas existem coisas que precisa vivenciar antes de descobrir o segredo de estar sempre em forma.

— Você sabe o segredo... — Maya estava abismada. — E não vai me contar?

— A vida é como qualquer outro processo de educação — explicou Rose. — Primeiro, é preciso aprender os princípios básicos para, depois, passar às verdades mais profundas. Se eu lhe contasse tudo agora, você não saberia o que fazer. E, ainda mais importante, você nem acreditaria em mim.

Maya examinou a senhora com indignação, de repente se sentindo furiosa, querendo conhecer essas verdades, mesmo se precisasse arrancá-las de Rose. Finalmente, quando a raiva e a frustração estavam prestes a explodir, Maya suspirou. Percebeu que, de fato, Rose estava certa.

— Eu nem sei como conquistar as coisas simples da vida — disse Maya. — Amor, sucesso e felicidade parecem coisas impossíveis para mim. As pessoas convivem com elas todos os dias, mas eu não consigo. Não sei o que há de errado comigo.

— Ah — Rose discretamente ajeitou o cabelo, colocando uma mecha solta no lugar. — Agora sei qual deve ser a sua primeira lição.

Maya endireitou-se na cadeira, tentando não parecer intrigada. Apesar de seu ceticismo, percebia que, se algumas pessoas guardavam os segredos da vida, Rose era uma delas. Nunca conheceu uma pessoa tão feliz, tão satisfeita.

— Antes de você tentar conseguir qualquer coisa que queira — disse Rose —, comece a perceber o quanto é dura consigo mesma. Esse é o primeiro passo. Você precisa passar a ser mais gentil.

— Como assim?

Maya se inclinou, e Rose deu um tapinha carinhoso em sua mão. Maya sentiu um calor se espalhar por sua pele e, quando estava prestes a puxar a mão, percebeu que não recebia um toque tão carinhoso havia muito tempo. Na verdade, fazia muito tempo que não era tocada de nenhuma forma.

— Minha querida — disse Rose —, você acha que tem algo de errado com você. Acha que está acima do peso, que é incompetente e que não tem força de vontade. Mas isso não é verdade. Você odeia trabalhar nesta confeitaria e se acha uma covarde por não seguir seus verdadeiros sonhos. Mas não é. Você gostaria de ter um namorado, em parte porque se sente sozinha, mas principalmente porque acredita que não ter ninguém significa que não é digna de ser amada. Nada poderia estar mais longe da verdade.

Rose se aproximou mais, fixando os brilhantes olhos verdes em Maya, que não pôde deixar de sorrir, embora quisesse chorar.

— Como a senhora sabe de tanta coisa sobre mim?

— Sou uma mulher vivida. Sei muita coisa. E quando você começar a prestar atenção nas outras pessoas, vai perceber muitas coisas que nunca tinha visto antes. A maioria das pessoas está sempre ocupada demais com os próprios problemas para prestar atenção em qualquer outra pessoa — Rose soltou um leve suspiro, depois sorriu. — É uma pena, porque deixam muita coisa escapar.

— Eu quase deixei a senhora escapar.

— É verdade, querida, quase deixou.

Maya sorriu de novo. Havia algo nesta senhora que tornava difícil não sorrir. Ela parecia tão contente, tão satisfeita com tudo, e sua felicidade era contagiante. Maya não era uma pessoa carinhosa, mas, de repente, queria simplesmente abraçá-la.

Rose sorriu, como se lesse os pensamentos de Maya, que olhou pela janela, constrangida. Tinha parado de chover. Esperava que isso não significasse um movimento repentino de fregueses. Embora precisasse do dinheiro, queria continuar conversando por mais tempo com Rose. O olhar de Maya voltou para a senhora à sua frente.

— Por que está me olhando assim?

— Desculpe, querida, olhando como?

— Como se soubesse algo a meu respeito que eu mesma não sei.

— Ah, você sabe. Só se recusa a acreditar.

— Acreditar em quê?

— Que você é absolutamente perfeita — Rose sorriu —, exatamente como é: solteira, lutando e tão... sensual. Se você acreditasse nisso, coisas magníficas começariam a acontecer na sua vida.

Para Maya, a ideia era tão radical, um choque tão grande para o seu sistema de crenças, que mal escutou o que Rose disse.

— Não — disse ela. — Se Jake se apaixonasse por mim, se eu escrevesse um best-seller e perdesse uns sete quilos, aí a minha vida seria perfeita.

Rose levantou as sobrancelhas, e seus olhos verdes brilharam. Como gostaria de poder contar para esta jovem todos os segredos para ter uma vida feliz nesse momento. Pouparia tanto tempo, tanto sofrimento. Mas não havia nada que pudesse fazer. As coisas não funcionavam assim. Nunca dava certo.

Rose sabia, por experiência própria, que, apesar de conselhos inspirados serem essenciais para se encontrar o caminho da satisfação, eles não eram o suficiente. Por alguma razão que nem ela mesma compreendia, os conselhos precisavam se equilibrar com as experiências antes de ficarem gravados no coração, e não apenas guardados na cabeça.

— Você está querendo pegar o diploma antes de aprender a matéria — disse Rose, tentando colocar Maya na direção certa.

— Mas estou esperando por essa vida há muito tempo. Desde sempre — reclamou Maya. — Acho que não aguento mais esperar.

— Ah, minha querida, não se preocupe com isso. Pessoas se apaixonam em um segundo, contratos editoriais são fechados em um dia, e é possível perder cinco quilos em uma semana — afirmou Rose, tentando jogar pequenas dicas na conversa. — Mas seria muito melhor não conseguirmos as coisas que *realmente* queremos até que tenhamos aprendido as lições da vida.

— Lições sobre o quê? — perguntou Maya, curiosa e esperançosa de que, afinal, a senhora estivesse prestes a contar os segredos pelos quais tanto ansiava.

— A vida impõe desafios a todo mundo, situações difíceis que achamos que não queremos. Condições como a solidão, a falta de dinheiro ou estar acima do peso. Mas as pessoas lutam com tanta força contra essas coisas que não percebem as dádivas escondidas dentro delas.

— Dádivas? — questionou Maya, incrédula.

Rose sabia que seu primeiro instinto estava certo. Não podia contar para Maya todos os segredos da vida agora, porque ela simplesmente não acreditaria. E isso não adiantaria de nada. O ceticismo de Maya era mais forte do que todas as outras coisas: suas vontades, sua curiosidade, seu desejo por uma vida mais feliz. Estava imersa na descrença, da cabeça aos pés, e a mistura de desconfiança e resignação obscurecia sua mente e soltava uma fumaça suspeita que a deixava cega.

Rose não tinha de convencer as pessoas de nada, mas enxergava uma doçura nesta jovem e, por isso, decidiu tentar. Também percebeu que, bem no fundo dos olhos exaustos de Maya, fracas faíscas de esperança, enterradas por anos de tristeza e decepções, ainda tentavam desesperadamente brilhar. Rose precisava despertar primeiro essa esperança, para que Maya tivesse alguma chance de ser feliz.

— Bem, se você olhar bem no fundo dessas situações, as aparentes armadilhas do destino, se procurar os segredos para a felicidade escondidos em cada uma delas, descobrirá como transcendê-las e ser feliz — explicou Rose.

Maya refletiu sobre isso com cuidado.

— Mas eu não consigo ver como estar pobre ou gorda pode esconder segredos para a felicidade. Eu não seria mais feliz se essas coisas simplesmente mudassem? Se eu fosse rica e magra, seria feliz. Acho que é assim que as coisas funcionam.

— Bem, tudo depende de como você chega lá — disse Rose, sabendo que essa era a verdade que as pessoas tinham mais dificuldade de entender. — Pessoas que ficaram muito ricas, mesmo fazendo o que amavam, geralmente não são completamente felizes se não seguiram o caminho certo para chegar lá.

— Acho que eu não estou entendendo — disse Maya. Mas sua curiosidade estava aguçada. Queria saber os segredos que esta senhora poderia lhe contar, as dicas para o contentamento que sentia na infância mas de que não conseguia mais se lembrar.

— Algumas pessoas têm tudo o que você quer, mas isso não significa que sejam realmente felizes — disse Rose. — Isso acontece porque aceleraram estrada abaixo sem olhar o caminho. Estavam tão concentradas em seus objetivos que nem perceberam os momentos de verdadeira alegria, as oportunidades de compaixão e, acima de tudo, as experiências que poderiam ter aberto seus corações, estreitando seus laços com Deus.

Maya ficou sentada em silêncio por um momento, um tanto admirada pelo que acabara de escutar. Rose abriu um sorriso suave, vendo como suas palavras estavam começando a reacender o brilho nos olhos de Maya.

— Então, como consigo o que quero sem deixar de perceber essas coisas? — perguntou Maya.

— Bem, querida, essa lição muda de pessoa para pessoa. Cada um de nós guarda dádivas ocultas que precisam ser expressas; cada um de nós esconde feridas únicas que precisam ser curadas — disse Rose. — Se atravessarmos o nosso caminho, escutando os conselhos das outras pessoas e a nossa própria intuição, a vida nos dará o que precisamos.

— Mesmo? É sempre assim? — Maya, que se sentia estagnada nos últimos dez anos, mal podia acreditar nisso.

— Sim. — respondeu Rose, com um sorriso. — A sua vida está tão cheia de lições e dádivas potencialmente maravilhosas que, neste momento, estou surpresa por não sair tropeçando por aí o tempo todo.

— Bem, eu sou um tanto desajeitada — Maya riu. — Como você sabia?

Os olhos de Rose brilharam maliciosamente.

— A vida está constantemente lhe oferecendo lições para aprender e dádivas para colher. Mas se ignorar esses sinais e empurrõezinhos, vai acabar precisando de algo mais óbvio. Na verdade, se continuar insistindo em ignorá-los por muito tempo, tijolos vão começar a cair na sua cabeça quando andar pela rua.

Maya ficou horrorizada.

— O que são essas lições e dádivas? A senhora pode me contar?

O olhar da jovem à sua frente estava tão cheio de expectativa e havia tanta esperança em sua voz que, independente das regras, Rose não podia dizer não.

— Compaixão. Coragem. Conexão — disse ela.

♥

— Ah, entendi — disse Maya, embora não tivesse entendido nada. Ainda assim, era um bom começo.

— Essas são as chaves. Elas vão destrancar a felicidade que está esperando aí dentro de você. — Rose sorriu ao imaginar Maya como um pequeno baú de tesouro, esperando ser destrancado. — Sem essas chaves, você pode até conseguir as coisas que deseja da vida, mas não se sentirá à vontade com elas e terá medo de perdê-las. O seu coração vai ser arrancado pelos sentidos. Você terá tudo, mas não sentirá nada.

— Não — disse ela rapidamente. — Eu não quero isso.

— Por esse motivo é muito melhor criar seus sonhos com cuidado, em vez de se apressar para alcançá-los ou recebê-los de mão beijada. A magia da manifestação é muito boa — avisou Rose —, mas experiências como a compaixão, a coragem e a conexão, são essenciais para se ter uma vida feliz. Sem isso, você se sentiria perdida, mas não saberia por quê. Poderia ter amor, riqueza e beleza, mas, ainda assim, não seria verdadeiramente feliz.

Enquanto Maya escutava, Rose se endireitava na cadeira, arrumando sua roupa e ajeitando suas pérolas.

— Eu sei que talvez você não queira escutar, querida — disse Rose, com gentileza —, mas a sua primeira lição, antes de qualquer outra coisa, é perceber que não há nada de errado com você. Ver que é totalmente perfeita, exatamente do jeitinho que é. Isso é compaixão.

Maya fechou os olhos, soltando um leve suspiro.

— Esse é o primeiro e principal motivo para você ainda não ter a vida que deseja — explicou Rose. — Porque, bem no fundo, você acha que não merece essa vida. Acha que não é boa o suficiente.

Maya engoliu as lágrimas.

— Tente dizer — sugeriu Rose. — Tente dizer que você merece tudo o que deseja.

Maya abriu a boca. As palavras se formaram em sua língua, esperando serem pronunciadas. Mas ela não conseguiu.

— Não entendo por que isso é tão difícil para mim.

— Não tem problema. Tente de novo. Mas, desta vez, diga mesmo se não estiver sentindo.

Maya respirou fundo, convocando as palavras em seu íntimo.

— Eu mereço ter um relacionamento cheio de amor. Mereço escrever e vender um livro maravilhoso. Mereço ter um corpo bonito.

Maya soltou o ar rapidamente. Rose apertou a mão dela.

— Muito bem, querida. Então, como está se sentindo?

Maya balançou a cabeça e encolheu os ombros.

— Pouco merecedora e culpada, mas não consigo compreender. Acho que eu me pergunto... Por que eu deveria conseguir as coisas que quero? O que me torna tão especial?

— Exatamente! — exclamou Rose de repente, batendo com a pequena mão na mesa com tanta força que Maya deu um salto. — Isso é o que a maioria das pessoas pensa. E é tão triste porque isso as mantém afastadas das coisas que mais desejam na vida.

Maya assentiu. Aos poucos, estava começando a entender o que Rose tentava lhe mostrar. Nunca percebera antes o peso da culpa que tomava conta de seu peito como uma pedra negra e brilhante. Agora, não conseguia sentir nada além disso. E era tão pesada que mal conseguia respirar.

♥

— Escute — disse Rose, debruçando-se um pouco sobre a mesa, os olhos brilhando de forma conspiratória, cheio de segredos. — Você não pode lutar contra essas crenças negativas, porque elas são fortes demais e quase todo mundo compartilha delas. Mas pode ultrapassá-las.

— Mesmo? Tem certeza? — perguntou Maya, ainda tentando respirar normalmente e se perguntando por quanto tempo ainda se sentiria assim.

— Absoluta! Você só precisa ser prática. Não questione se merece ser feliz — disse Rose. — Em vez disso, pense que *precisa* ser feliz, para o bem do resto do mundo.

— Como assim?

— Todo mundo neste planeta precisa ser feliz. Não é um impulso egoísta. Nós todos devemos isso ao resto da humanidade.

— Devemos?

— Sim — disse Rose. — Uma pessoa feliz ilumina aqueles que estão à sua volta e torna o mundo um lugar melhor. Por outro lado, uma pessoa infeliz espalha infelicidade. Ela pode até não querer, mas não consegue evitar. A tristeza simplesmente emana dela e se infiltra nos outros. E não há nada que você possa fazer para evitar.

Maya concordou. Disso ela entendia.

— Para iluminar o mundo, você precisa se tornar feliz primeiro.

Maya ficou quieta.

— Não é isso que você quer? — perguntou Rose.

Maya hesitou, mas assentiu, mal sendo capaz de admitir. Lágrimas encheram seus olhos de novo, e parecia haver um nó em sua garganta. Rose a observava, mas Maya não resistiu e começou a chorar. Então, devagar e com calma, a senhora sentou-se ao seu lado. Maya chorou enquanto Rose a abraçava e a embalava com delicadeza.

— Você só precisa se perdoar — sussurrou Rose. — Só isso. Por tudo que já fez. Porque a única forma de parar de machucar os outros é parando de se machucar.

Conforme compreendia a verdade dessas palavras, Maya soluçava. Por toda a dor que já tinha causado a outras pessoas e toda a dor que tinha causado a si mesma. Pelas vezes em que gritara com a mãe porque queria sair e brincar em vez de ficar e servir, pelas palavras cruéis que às vezes gritara e pelas mentiras que contara. Essas lembranças, espalhadas entre tantas outras, se intensificaram e se libertaram nos soluços de Maya.

Acima de tudo, Maya chorou pelas inúmeras vezes que fora horrível consigo mesma. Por todas as pequenas humilhações, as críticas afiadas, por cada vez que se olhou no espelho e odiou o que via.

Rose a abraçou, acariciou seus cabelos e disse que tudo ficaria bem, que todos nós magoamos uns aos outros, mas somos inocentes em nosso sofrimento. Porque, se conseguíssemos nos comportar melhor, teríamos nos comportado; se conseguíssemos encontrar amor em nossos corações em vez de ódio, teríamos encontrado.

Lenta e suavemente, as lágrimas lavaram a culpa de Maya. Até que ela respirou fundo, enxugou os olhos e levantou a cabeça.

— Fazia muito tempo que eu não chorava assim. Não sou abraçada desse jeito desde...

— Eu sei, minha querida — disse Rose baixinho. — Eu sei.

Rose estava parada do lado de fora do café enquanto Maya se encostava na porta, relutante em vê-la ir embora. A senhora estendeu o braço e Maya apertou sua mão de leve.

— Você vai ficar bem — Rose riu. — Na verdade, você vai ficar maravilhosa. Este é o primeiro passo na sua jornada. Você começou a abrir seu coração. Agora pode começar a ver a verdade de quem realmente é.

Maya sorriu, soltando a mão de Rose, que caminhava em direção à rua. Observou a senhora se afastar até virar a esquina e acenar. Maya sorriu e acenou também, sentindo-se leve e radiante como há muito, muito tempo não se sentia.

Coisas mágicas nunca aconteciam com Maya. Mesmo assim, lá estava ela. Lembrou-se que seu primeiro impulso fora rejeitar Rose. Se a senhora não tivesse sido tão persistente, teria deixado de viver toda essa experiência. Foi quando ocorreu a Maya que, se levantasse a cabeça com mais frequência, se começasse realmente a olhar as pessoas no olho, poderia haver muitos outros momentos mágicos esperando por ela.

As noites costumavam ser iguais para Maya. Fechava as portas do café às seis, preparava as coisas para o dia seguinte e, depois, caminhava até a videolocadora para alugar um filme que a levaria para um mundo distante. Além do chocolate e do hábito de sonhar acordada, os filmes eram mais um vício no qual Maya afogava as suas mágoas. Escolhera aquela locadora em particular por causa de Tim, o balconista, que conversava e flertava com ela enquanto escolhia o filme da noite.

Maya não se sentia realmente atraída por Tim, vendo-o mais como um amigo do que como um namorado em potencial, embora o flerte sempre fosse bem-vindo e ajudasse a inflar seu ego tão debilitado. Independente de sua opinião sobre si mesma, Tim conseguia fazer Maya se sentir bonita e desejável. O jeito como a observava, com olhares furtivos de admiração, a forma como falava com ela, com gentileza e muito interesse, sempre faziam com que Maya se sentisse melhor. Na verdade, depois das visitas de Jake à confeitaria, as interações com Tim eram o ponto alto de seu dia.

De vez em quando, em momentos de muita solidão, Maya pensava em dar uma chance a Tim. Mas, então, se controlava, pois achava que ele gostava mesmo dela e não queria magoá-lo.

Maya levava fatias de bolo para Tim em troca dos filmes, observando suas reações atentamente para saber quais eram seus favoritos. Ele sempre dizia que adorava todos, mas Maya percebia quando Tim realmente estava sendo sincero. Depois de se despedirem, Maya voltava para seu apartamento, onde se sentava sozinha no sofá e se perdia em um filme, enquanto mergulhava a colher em um balde de sorvete de caramelo crocante com calda de chocolate.

♥

Mas esta noite era diferente. Maya não estava com vontade de assistir a um filme. Estava animada demais com a vida à sua volta para perder tempo com ficção. Pela primeira vez em anos não queria sonhar; queria sentir.

Saiu do café e começou a caminhar. O suave ar de setembro acariciava sua pele. Maya se deu conta de que o tempo estava assim há semanas, mas ainda não tinha percebido como era agradável caminhar em uma noite de fim de verão. Maya viu como a luz caía nessa hora mágica, como o sol a tocava de forma que quase se sentia abraçada. Fechou os olhos quando a brisa passou pelo seu rosto, brincando com ela, convidando-a a se mexer, a dançar.

Maya sorriu, de repente cheia de alegria, como se tivesse acabado de descobrir um lindo segredo que sempre desejara que fosse verdadeiro.

Quando chegou ao final da rua, seguiu em direção ao parque. Árvores cheias de folhas se enfileiravam pelo caminho, cachos de flores silvestres lutavam por seu espaço no solo. Maya pisou na grama, que estava mais alta do que de costume, percebendo que não conseguia se lembrar da última vez que esteve em contato com a natureza. Quando se aproximou de um velho carvalho, encontrou um lugar agradável para se sentar e se aconchegou.

O parque estava vazio. O ar, parado. Maya entrou em um estado de profunda paz. Sua mente estava quieta e seu coração, preenchido. Sentada ali, simplesmente respirando, invocou Rose em sua mente, querendo se lembrar, querendo sentir ainda sua presença.

Coisas mágicas nunca aconteciam com Maya. Mesmo assim, lá estava ela. Lembrou-se de que seu primeiro impulso fora rejeitar Rose. Se a senhora não tivesse sido tão persistente, teria deixado de viver toda essa experiência. Foi quando ocorreu a Maya que, se levantasse a cabeça com mais frequência, se começasse realmente a olhar as pessoas nos olhos, poderia haver muitos outros momentos mágicos esperando por ela.

♥

No silêncio, Maya tomou plena consciência da tranquilidade dentro e ao redor de si. Percebeu, então, que esta era a vida de verdade, e que todo o drama e barulho em volta eram apenas causados por pessoas que procuravam a paz desesperadamente, mas não sabiam onde encontrá-la.

Maya riu da simplicidade absurda, aparentemente impossível, de tudo isso. E quando a risada foi levada pela brisa, escutou uma voz, palavras que pareciam vir de sua alma.

— *Os milagres da vida estão em todos os lugares* — dizia a voz. — *Às vezes você só precisa prestar mais atenção.*

Maya sorriu, recostando-se na árvore, e lá ficou, em alguns momentos sussurrando, em outros, quieta, até o sol se pôr.

Quando Maya entrou em seu apartamento, Rosquinha, seu gato, veio correndo, se esfregando em suas pernas e miando. Ela riu, e Rosquinha olhou para ela, surpreso. Não era comum Maya rir assim.

Ajoelhou-se, pegou-o no colo e foi até a cozinha.

— Estava preocupado comigo, gorducho? Achou que eu tinha me perdido?

Colocou o gato sobre o balcão e abriu o armário para procurar uma lata de atum.

— Bem, você estava certo — falava, enquanto o gato a fitava. — Eu estava perdida mesmo. E agora, finalmente, estou começando a me encontrar de novo.

Maya colocou um prato de atum no chão e observou enquanto Rosquinha devorava seu jantar.

— Você não faz ideia do que eu estou falando, faz? A alegria e a satisfação já estão gravadas em você.

Olhou para além do rabo de Rosquinha, em direção ao pote de biscoitos. Esta costumava ser a sua primeira parada quando entrava em casa: dois biscoitos de chocolate, algumas fatias de pão, antes de avançar no sorvete. Geralmente comia os biscoitos enquanto o pão estava na torradeira, mastigando enquanto andava pelo apartamento, tirando a roupa a caminho do quarto para vestir seu pijama.

Maya sempre sentia um alívio quando colocava seu pijama folgado. Não estava mais exposta. Podia afundar no sofá, escondendo os pneus de gordura por baixo das roupas largas, e continuar comendo sem a sensação de que ia explodir. É claro que esse truque não funcionava muito bem e, no fundo, Maya continuava deprimida com sua silhueta, como se estivesse tentando entrar em uma calça jeans bem apertada.

Maya olhou para a curva de sua barriga, e depois para o pote de biscoito. Aliviada, e um tanto surpresa, percebeu que não estava com a mínima vontade de comer. Não estava nem com fome, apesar de não ter comido nada desde a hora do almoço. Mas era mais que isso. Sentia-se cheia. Não de comida, mas de outra coisa: uma sensação de satisfação, de alegria. A excitação borbulhava dentro dela, e não havia muito espaço para a comida.

Sorriu, totalmente emocionada. Sentia como se estivesse no início de uma grande aventura. Não sabia o que aconteceria depois. Não sabia o que faria. Era como se todos aqueles sentimentos que estava abafando com comida de repente estivessem livres.

E, para sua surpresa e encanto, não estava se sentindo sufocada pelo sofrimento. Era como se Rose tivesse expulsado tudo isso para lhe mostrar a animação, a paixão e a alegria que existiam dentro de si. Maya rodopiou na cozinha e riu.

O telefone tocou. Rosquinha, lambendo os últimos vestígios do atum, levantou a cabeça. Maya parou de girar. Já era tarde e não costumava receber muitas ligações. Por um segundo, achou que, por algum milagre, podia ser Jake, finalmente ligando para convidá-la para sair. Mas disse a si mesma que não devia ser tão *idiota*, já que ele nem tinha seu número.

— Ah — disse Maya, percebendo que tinha acabado de se criticar. Esse lapso era tão normal que nem teria notado. Mas, por conta de sua recém-descoberta compaixão, a palavra parecia fora de lugar.

— Desculpe — disse Maya para si mesma enquanto atendia o telefone.

Era a sua prima meio maluca, Faith.

— Fala, May — disse Faith, como sempre fazia. — Está sentada?

— Não, deveria estar?

— Com certeza.

Ela não se mexeu.

— Ok, estou sentada.

— Não, não está.

Maya franziu a testa.

— Como você sabe?

— Acabei de voltar de uma médium. O meu sexto sentido está aguçado.

Maya riu e se sentou no sofá.

— Pronto. E então?

— Então, foi simplesmente incrível.

Maya riu, nem um pouco surpresa.

— Olha — disse Faith, escutando o riso da prima —, dessa vez foi diferente. Esta mulher é *realmente* incrível.

Faith sempre ia a médiuns, curandeiros, cartomantes e astrólogos. Era fascinada por essas coisas. Mas Maya nunca acreditara no oculto e, embora não dissesse isso a Faith, de fato achava que eram todos charlatões. Maya só acreditava em psicologia, teorias, estudos: precisava de provas e de explicações que fizessem sentido. Mesmo assim, continuava escutando Faith falar dessas coisas e, uma vez, até se deixara arrastar a um astrólogo, mas só porque adorava Faith e queria lhe dar uma força.

Faith também não tinha nada. Não tinha namorado. Não tinha dinheiro. Também não contava com nenhuma esperança razoável de mudar esse quadro. Mas, por alguma razão desconhecida, sempre fora muito mais feliz do que Maya.

— Então, me conte sobre...

— Sophie.

— Que nome engraçado para uma médium.

— O que você esperava? Cristal?

— Acho que seria mais adequado. — Maya riu.

— Deixa de ser boba! — disse Faith. — Fui consultá-la ontem, e ela é simplesmente maravilhosa, contou coisas sobre mim que nem eu mesma sabia. E coisinhas tão bobas que ela não teria como saber.

— Como o quê?

— Como a vez em que eu e Phoenix fomos àquele *workshop* sobre deusas em Glastonbury.

— Naquele que você dançou nua em volta da fogueira?

— É, aquele mesmo.

As duas riram.

— Mas foi mais do que isso, ela simplesmente parecia *saber*.

— Saber o quê?

— Tudo. Estar com ela foi uma experiência transcendental. A energia da mulher é incrível, como se tivesse descoberto todos os segredos do universo e os guardasse no coração.

Maya sorriu, de repente intrigada.

— Ela me pareceu tão calma, tão satisfeita com a vida. Acho que nunca conheci uma pessoa mais feliz que ela. E ela disse que eu tenho potencial para ser assim também.

— Mesmo?

— Bem, ela disse que todos têm. Ela me contou que houve um momento na vida dela, no topo de uma montanha no deserto do Arizona, em que percebeu isso.

— Percebeu o quê?

— Que criamos as nossas próprias vidas — Faith se concentrou para se lembrar as palavras de Sophie. — Estava amanhecendo, era o dia de seu aniversário de 21 anos. O deserto estava silencioso e vazio. Conforme o sol nascia, ela entrava em contato com a energia de tudo à sua volta. E teve uma sensação de suprema ligação com tudo, inclusive com Deus. Então, escutou uma voz.

— Sério? — Maya estremeceu. — E o que dizia?

— Espere um pouco, eu anotei.

Maya esperou enquanto Faith vasculhava em busca do papel.

— Ok — começou Faith. — Dizia: não importa o que aconteceu no seu passado, você tem duas vidas para escolher. Numa vida você está desconectada do mundo, fora de controle e à mercê das circunstâncias. É pessimista sobre a vida e tem medo do que pode vir a acontecer. Quer as coisas, mas não sabe como consegui-las. E, mesmo se tiver muitas bênçãos, ainda assim se sente sozinha, com um anseio oculto no centro da sua alma.

Maya suspirou, com lágrimas nos olhos. Conhecia bem demais essa forma de vida. Vivera assim a maior parte de sua vida.

Faith percebeu a tristeza da prima.

— Calma, Maya. Depois melhora.

— Que alívio.

— Na outra opção — continuou Faith —, mesmo com os golpes da vida, você mantém o senso de ligação consigo mesmo e com a sua fonte, você compreende o ritmo da vida. Tem tudo o que deseja e exatamente o que precisa. Sente-se alegre, animada e otimista, e espera ansiosamente pelo que vai lhe acontecer. Por baixo de tudo isso, você se sente satisfeita. Completa.

Maya soltou um suspiro feliz. Isso fez com que se lembrasse de Rose. Sabia que, se não tivesse conhecido a senhora naquela manhã, provavelmente nem estaria escutando o que Faith estava lhe dizendo agora.

— Então, como alcançar isso? — perguntou Maya. — Como conseguiria viver dessa maneira?

— Talvez você deva conhecer Sophie.

— Ah, até parece.

— Sério — disse Faith —, não consigo explicar. Você precisa vivenciar. Precisa conhecê-la.

— O que mais ela disse?

— Que a qualquer momento podemos criar alegria dentro de nós. Ela está sempre disponível. Já conhecemos essa alegria; sentimos, rimos com ela, vivemos com ela, antes de perdermos tudo com o medo e a dúvida que nos cercam — disse Faith, que tinha decorado cada palavra. — E a oportunidade de sentir essa alegria de novo existe em cada momento. Existe dentro de cada de um de nós. Assim como esperava por você.

Maya não disse nada. Suspirou.

— Mas não é fácil viver dessa forma, né? Quero dizer, quem dera que eu tivesse um namorado que...

— Você está falando do Jake? — interrompeu Faith. — Ok, deixe-me lhe contar uma coisa que Sophie me disse. Ela falou que vou me apaixonar muitas vezes na minha vida, e que talvez eu nunca me case com ninguém, mas que não devo me preocupar com isso. Se eu abraçar o amor, sem querer adequá-lo às expectativas da sociedade, então serei realmente feliz.

— Essa é uma ideia legal — considerou Maya. — Mas você não se incomoda em saber que talvez nunca vá ter um relacionamento que perdure o resto da vida?

— Sabe, na verdade achei essa ideia libertadora. Seria bom parar de tentar recriar um conto de fadas. É um alívio. Parar de tentar conseguir um homem, prendê-lo e mudá-lo. Agora eu posso parar de fazer isso e apenas amá-lo.

Maya soltou um suspiro intenso, por um momento banhando-se na glória dessa possibilidade.

— Sophie disse que eu tenho potencial para me conectar com a fonte do amor universal, com a corrente da vida, e quando isso acontecer, me sentirei mais amada do que jamais fui na vida. Aí, finalmente serei livre — Faith sorriu. — Acho que também vou para o Arizona. Você poderia vir comigo. Seria incrível!

— Como eu gostaria de ser livre... — Maya suspirou de novo, ignorando a ideia maluca de Faith. — Quero dizer, quero um relacionamento que dure para sempre. Mas gostaria de me livrar dessa necessidade.

— Eu entendo. É exatamente como eu me sentia.

— Gostaria de me livrar da minha obsessão por Jake. E não é só isso. Não aguento mais a confeitaria. Mal consigo me sustentar...

— É porque o seu coração não está ali.

— Eu sei, e quero algo em que meu coração *esteja*. Quero escrever.

— Você pode escrever — disse Faith, desejando que a prima aproveitasse as oportunidades de vez em quando. — Escreva quando não houver fregueses, escreva quando voltar para casa.

Rosquinha pulou no colo de Maya e se aninhou ali.

— Eu sei. Eu sei que deveria. Mas vivo de mau humor. Não conseguiria me inspirar para escrever nada nesse estado.

— Então, fique sentada em casa se consolando com bolo de chocolate e sorvete, e vá para cama decepcionada consigo mesma e com a vida — disse Faith.

— É — admitiu Maya.

— Você deveria ir a uma consulta com Sophie.

— Não sei...

Maya não queria ser arrastada para outra experiência maluca. Mas algo dentro dela havia mudado. Rose abrira um pouco sua mente, deixando-a curiosa sobre aspectos que antes ignorava.

— Se ela pode ajudar, você não acha que deveria tentar? — Faith estava pressionando. — Não precisa acreditar em tudo. Sophie é incrível, quer você acredite nela ou não. E, de qualquer forma, o que são 150 pratas quando se trata de sua felicidade?

— Cento e cinquenta?! Está falando sério?

— Olha, isso não é nada. Como espera que Jake se apaixone por você se não acredita que vale 150 pratas? Você acha que não merece esse investimento?

Se Faith não tivesse escolhido a palavra "merecer", as coisas poderiam ter sido diferentes. Mas o conselho de Rose não saía de sua cabeça. Maya precisava acreditar que merecia o que desejava. E se Sophie realmente pudesse ajudá-la a ser mais feliz, então ela devia isso aos seus fregueses, a Faith e a todos à sua volta. Ela precisava ao menos tentar.

— Talvez... — disse Maya, tremendo.

— Ótimo, vou marcar uma consulta.

— Espere um segundo. Me dá um tempo para pensar.

Mas era tarde demais. Faith já tinha desligado.

Para superar seus medos, você precisa ser forte. Precisa se concentrar totalmente em quem você quer ser. Agarre qualquer centelha de coragem e a aumente. Eleve-se a um estado de frenesi apaixonado e corra atrás do seu desejo.

Era dia primeiro de outubro. Véspera da consulta de Maya com a médium. A lembrança de Rose se dissipara e a vida parecia ter voltado ao que era. Com uma exceção. Maya se sentia um pouco diferente, embora não soubesse definir o que exatamente havia mudado.

Na hora do almoço, no momento em que estava sucumbindo a uma fatia de torta de damasco com recheio de amêndoas e a uma dúzia de trufas de chocolate, Maya conseguiu dar um nome ao seu sentimento. Esperança. Estava esperançosa. Aquela agitação em seu estômago era esperança. Rose a afetara de alguma forma, afinal. O otimismo do qual falara, a receptividade, agora eram parte de Maya e, para sua sorte, não conseguia mudar isso.

Estava um pouco apreensiva porque sabia o que vinha depois da esperança: a decepção. E já tivera decepções suficientes para uma vida inteira. Então se convenceu de que precisava deixar de ser tola, pois sua cintura não suportaria a orgia de doces que certamente acompanharia mais uma desilusão.

Numa última tentativa de preservar a sua cintura, Maya tentou sufocar a esperança. Fixou o olhar nas poucas trufas que ainda restavam e se concentrou no sentimento de culpa e autodepreciação que sentia por ter comido tantas. Em segundos, sufocou a esperança e se sentiu péssima, impotente e cheia de autorrepulsa. Suspirou, enxugou o balcão e se dirigiu para a pilha de pratos na pia.

Mas, para sua surpresa, na hora em que estava arrumando os açucareiros, a esperança havia voltado. Por mais que se criticasse, não conseguia se livrar dela.

Por fim, Maya desistiu, deixando que o sentimento borbulhasse dentro de si, e seguiu seu dia. O que foi uma sorte, porque a partir do dia seguinte sua vida mudaria para sempre.

♥

Maya caminhou lentamente pela rua, tentando adiar um pouco mais o momento. Viu o lugar logo à sua frente e olhou para as instruções que Faith lhe dera.

Parou por um segundo, pensando em voltar atrás. Mas sabia que não podia desistir agora; estava curiosa demais. O coração que Rose ajudara ainda estava bem aberto. O otimismo borbulhava dentro dela, e não havia muita coisa que pudesse fazer a respeito.

Olhou para o endereço no mapa e levantou a cabeça. "Sophie, a Médium" estava escrito em uma brilhante placa roxa que balançava ao vento.

Maya franziu a testa, sentindo-se totalmente ridícula. Isso era o mais longe que já fora em sua busca pela felicidade, e se sentia um tanto constrangida. Repreendeu-se por estar tão desesperada em sua busca por amor, dinheiro e corpo perfeito a ponto de ir a uma consulta com uma médium.

Estava afundada em ceticismo; crescera com ele, defendera esse ponto de vista por quase toda a vida, e era difícil abandoná-lo. Parou na entrada do prédio e, de repente, pensou em seu pai. Não fora criada por ele, mas ele desempenhou um pequeno papel em sua vida. Era um homem ponderado, introspectivo; um acadêmico que fechava a cara para tudo que envolvesse a fé e não os fatos. Teria ficado horrorizado ao ver Maya agora.

Mas, como era improvável que Maya algum dia o visse de novo, e não tinha a menor intenção de mencionar isso na ocasião, não havia muito problema. O problema, na verdade, foram os pensamentos que começaram a provocá-la assim que a porta se abriu.

Quando Maya viu Sophie pela primeira vez, todos os seus piores temores céticos e críticos se realizaram. Sophie estava vestida dos pés à cabeça com um robe de veludo roxo, que combinava com a porta violeta. Era exatamente o que esperava de uma charlatona tentando atrair mulheres ingênuas e desesperadas e fazendo-as acreditar que podia ver o futuro.

Sophie era bonita, com longos cabelos cacheados castanhos, um rosto doce e um corpo violão. Mas Maya só conseguia ver o robe roxo.

— Olá. Seja bem-vinda — O sorriso de Sophie era radiante, sincero e verdadeiro. Ajudou Maya a se sentir mais à vontade.

— Obrigada — murmurou Maya, que conseguiu retribuir o sorriso, apesar do constrangimento.

Infelizmente, quando Maya entrou, sua primeira impressão foi confirmada. A casa era exatamente o que se imaginaria de uma típica médium. Tudo era berrante: paredes vermelhas, amarelas, verdes e azuis. Quadros esotéricos aumentavam ainda mais o efeito arco-íris, luzes pisca-pisca iluminavam as escadas e as notas melosas de uma flauta pairavam no ambiente.

Maya deixou os sapatos perto da porta e afundou os pés no macio carpete vermelho escuro. Independente do gosto de

Sophie, ela certamente não passava por dificuldades financeiras. Sophie subiu as escadas e Maya a seguiu, questionando sua decisão a cada degrau.

Quando entraram na sala de consultas, Maya percebeu, aliviada e surpresa, que não havia nada exagerado. O vermelho escuro do carpete dava lugar a um suave tom creme, e só havia vermelho nas cortinas de veludo que emolduravam grandes janelas com vista para o jardim. Luzes pisca-pisca cintilavam no canto e havia várias pedras semipreciosas sobre a mesa. Felizmente, nenhuma bola de cristal.

Maya hesitou na entrada do quarto, fitando as duas cadeiras vazias à mesa. Sophie se sentou e esperou. Após um ou dois momentos de hesitação, Maya juntou-se a ela.

— Bem, então — disse Sophie, alegremente. — Por que não me conta o que a trouxe aqui?

Maya se encolheu. Esperava algum papo preliminar sobre o tempo, ou sobre o preço de bolas de cristal, e não sabia exatamente o que dizer. Bom, isso não é verdade. Sabia o que dizer, mas não queria. Sophie a observou com paciência. Claramente, não era dada a papo furado.

— Bem, eu... hum... — gaguejou Maya, com relutância. — Ok, estou aqui porque não estou exatamente feliz com a minha vida neste momento. Minha prima, Faith, já se consultou com você. E o que você disse para ela me pareceu maravilhoso. Então, decidi vir também e ver o que diria para mim.

— Ah, e por que não está feliz?

Maya deu de ombros, e Sophie ficou esperando.

— Ok, bem — respondeu Maya, procurando uma posição mais confortável —, quero um namorado. Quero ser escritora. Quero perder dez quilos. E quero ver se essas coisas estão no meu futuro.

— Bem, vamos ver o que conseguimos — Sophie sorriu. — Mas não posso lhe mostrar o seu futuro, porque é você quem vai criar seu próprio futuro. Só vou ajudá-la a se enxergar com mais clareza, aí saberá como conseguir o que deseja. Está certo?

Maya assentiu animada.

— Sim, perfeito. Você deu conselhos a Faith sobre como realizar as possibilidades no futuro; espero que você também me dê esse tipo de conselho.

Sophie se levantou e andou pela sala. Foi até um armário cheio de prateleiras cobertas de cristais de todos os tamanhos, formas e cores. Analisou-os atentamente. Então, fechou os olhos, passou a palma da mão sobre eles e pegou um.

Maya observou Sophie com desconfiança enquanto ela voltava para a mesa. Pôde ver que o cristal que ela trazia era pequeno e rosa. Podia não ser uma bola de cristal, mas não estava longe.

Sophie se sentou. Olhou Maya com atenção, os olhos castanhos arregalados e brilhantes. Maya se mexeu, inquieta, prendendo a respiração, achando que talvez Sophie estivesse vendo mais do que queria que ela visse. Então, a médium fechou os olhos. Momentos depois, colocou o cristal em cima da mesa e se virou para Maya.

— Olhe — começou ela —, você não precisa se sentir mal pelo que eu vejo. Só porque você tem desafios na vida não significa que haja algo de errado com você. Todos temos coisas para superar. É o seu caminho e é perfeito.

Maya fez que sim, um pouco nervosa. Sophie não tirou os olhos dela, analisando com cuidado sua natureza, examinando devagar seu passado, estudando o presente, vendo o futuro e, finalmente, chegando a uma conclusão.

— Você vai encontrar a felicidade — disse Sophie — quando tiver coragem de parar de viver uma vida segura e começar a viver uma vida verdadeira.

Maya respirou fundo, sentindo medo e excitação depois dessa revelação. Ficou chocada ao perceber que Sophie atingira exatamente as duas forças que guiavam a sua vida: seus medos e seus sonhos. Pela primeira vez na vida, sentia como se alguém realmente a tivesse visto.

— O que você quer dizer com vida *verdadeira*? — perguntou Maya baixinho.

— Viver sendo verdadeira consigo mesma significa assumir os riscos para criar o que deseja, como ser escritora, por exemplo.

Maya sentou-se ainda mais ereta, agora pronta para prestar atenção em cada palavra.

— Não se trata de buscar o amor ou a aprovação dos outros, ou sucesso no mundo exterior — disse Sophie. — Viver de verdade é fazer algo porque está no seu coração e precisa ser colocado para fora. Então, você não deve se preocupar se vai ou não ser uma grande escritora, porque essa não é a questão. Uma pessoa que vive verdadeiramente consigo mesma não pensa em sucesso ou fracasso. Apenas faz porque acha certo. Faz porque sente que precisa fazer.

Maya nunca considerou viver de forma tão irracional. Para ela, a possibilidade do sucesso era uma questão fundamental antes de se fazer qualquer coisa. Foi exatamente isso que a impediu de escrever no passado.

— Se você viver de acordo com seus pensamentos racionais, ficará sempre presa na armadilha de uma vida pequena, mas aparentemente segura. Mas se viver de verdade, o mundo vai se abrir para você. E aí não vai precisar tentar adivinhar o futuro, porque saberá que, independente do que vier, será uma aventura maravilhosa. — Sophie esfregou o cristal cor-de-rosa na manga de veludo, aquecendo-o. — Quando você segue o coração, permite que possibilidades milagrosas se abram para você.

À medida que as palavras de Sophie lentamente penetravam na mente de Maya, ela percebia que, por mais assustador que fosse, adorava a ideia de viver assim. Estava cansada de tomar decisões com base no que achava que poderia acontecer no futuro, quando, na verdade, não fazia a menor a ideia do que a esperava. Isso só fazia com que se afastasse de cada possibilidade, sempre com medo de que alguma coisa desse errado. Foram anos de restrição, limitação, medo e decepção. Era mais como viver a morte do que a vida.

— Você pode transformar isso no seu mantra — sugeriu Sophie. — Não viva o seguro, viva a verdade.

— Sim. — Maya sorriu. — Isso é maravilhoso.

Sophie sorriu. Então, de repente, ficou séria e se debruçou um pouco sobre a mesa.

— Mas tem uma coisa que precisa compreender antes de poder esperar conseguir o que deseja da vida — ela colocou as mãos nos bolsos e tirou dois cristais, um preto e um branco. — Até que você compreenda isso, sempre vai dar um passo para frente e dois para trás.

Maya arregalou os olhos, ansiosa para saber o que Sophie viria a dizer.

— Existem duas forças dentro de você — disse Sophie suavemente, levantando a pedra preta. — Uma é personificada pela sua mente. Cria medo e dúvida, fazendo com que viva segundo a razão, a preocupação e a culpa. Essa força quer que a sua vida seja segura, normal, chata, estagnada e que siga uma rotina. Quer uma vida comum. E, se você escutá-la, vai ser levada para essa vidinha comum.

— Tá — Maya suspirou, conhecendo bem demais a força que estava guiando a sua vida até este momento.

— No entanto — disse Sophie, levantando o cristal branco —, a outra força é a personificação do seu coração. Cria paz e felicidade dentro de você, e satisfação e completude para a sua vida. Ela quer tudo para você: amor, riqueza e felicidade. Quer que tenha uma vida extraordinária. E, se você permitir, ela o levará até essas coisas.

— Sério? — perguntou Maya. — Como?

— Você nunca conversou com o seu coração? — Sophie parecia surpresa. — Deveria tentar; é maravilhoso — ela sorriu, soltando um suspiro de satisfação, como se estivesse se lembrando de algo particularmente mágico. — Então — disse Sophie —, qual força você está escutando?

Maya suspirou, e Sophie compreendeu.

Meia hora depois, Maya estava tomando um chá de ervas com um gosto singular, mas estranhamente reconfortante, e mastigando biscoitos de gengibre feitos em casa. Já tinha decidido que gostava muito de Sophie. Os biscoitos eram um delicioso bônus.

Sophie se sentou, afundando nas almofadas, molhando os biscoitos no chá e continuando a oferecer sua sabedoria. Resolveu tirar o robe, revelando uma calça jeans e uma camiseta bem normais.

Maya ficou surpresa ao perceber que a mudança no guarda-roupa a deixou um pouco decepcionada. Os robes podiam ser um clichê, mas certamente eram divertidos e, dada a sua glória, se encaixavam perfeitamente à ocasião.

Sentada de pernas cruzadas no carpete fofo, ela levantava o olhar para Sophie, entre goles e mordidas, para mostrar que estava prestando atenção.

— Você pode ter tudo o que deseja — Sophie estava dizendo. — Mas é melhor conseguir essas coisas na ordem certa.

Maya lembrou-se de que Rose também tocara nesse assunto e estava ansiosa para ganhar uma explicação.

— Existe uma ordem certa?

— Existe sim. É claro que depende da pessoa — Sophie colocou o biscoito em cima da xícara de chá e analisou Maya por um segundo. — Vejo que você precisa preencher o seu coração primeiro com o trabalho, antes de se apaixonar.

— Por quê? — perguntou Maya, um pouco irritada.

— Bem, é sempre melhor se sentir satisfeita consigo mesma primeiro, antes de encontrar um parceiro. Aí você saberá o seu verdadeiro valor e terá a chave da sua felicidade. Por isso, não se tornará vulnerável, necessitada, uma bagunça emocional no momento em que se apaixonar.

— Entendi — Maya suspirou, conhecendo intimamente o cenário.

— Agora, está na hora de cantar a canção da sua alma — disse Sophie. — Você é escritora; vejo isso. Seu coração anseia se expressar por meio das palavras. Mas você não escreve, escreve?

Maya balançou a cabeça.

— Porque tem medo de que não será magnífica?

Maya olhou para Sophie, boquiaberta, perguntando-se mais uma vez como uma pessoa que nunca vira antes poderia conhecê-la tão bem.

— Veja bem, você não deve se preocupar com isso; apenas comece a escrever. E um dia será magnífico. Este potencial está dentro de você. Só precisa encontrar coragem para revelá-lo.

Maya sorriu. Essas palavras encheram-na de uma combinação de paz e alegria que já sentira em outro momento de sua vida. Fechou os olhos, tentando se lembrar. Foi naquela noite na biblioteca da universidade: brilhante como um raio e leve como o ar.

De repente, ela sentiu que uma luz branca a preenchia. Varria todo seu corpo e brilhava em cada uma das partes. Naquele momento, amou a si mesma completa, total e incondicionalmente. Por um instante, se sentiu tão feliz que poderia morrer.

Mas logo se dissipou. Tivera outro pensamento amedrontador. A dúvida que sentia sobre sua própria capacidade se infiltrou na sua serenidade. A escuridão preencheu sua mente, se espalhou até o peito e apagou a luz. E se Sophie estivesse errada? Pior ainda, e se estivesse mentindo? Por mais que quisesse acreditar nela, como poderia ter certeza?

Quando Maya levantou o olhar de novo, viu que Sophie estava sentada no carpete bem à sua frente.

— Seu coração e sua mente estão travando uma batalha dentro de você.

Maya assentiu.

— Sei como é difícil ignorar os medos — disse Sophie. — Mas imploro que tente. Se não tentar, nunca expressará a sua magnificência. Sei que é preciso coragem, mas, acredite em mim, você tem essa coragem.

— Eu acho que não tenho — disse Maya baixinho.

— Mas isso é sua mente falando — disse Sophie. — Isso é um medo, não um fato.

— Então, o que devo fazer?

— Seja ousada.

Maya fitou Sophie através de lágrimas, sem ter muita certeza do que tinha escutado.

— Ousada?

— Neste momento, você é um coelhinho — Sophie sorriu. — Precisa ser um urso.

Maya levantou uma sobrancelha.

— Um urso?

— Um leão. Uma águia. Um lobo. O que funcionar melhor para você. Para superar seus medos, você precisa ser forte. Precisa se concentrar totalmente em quem você quer ser. Agarre qualquer centelha de coragem e a aumente. Eleve-se a um estado de frenesi apaixonado e corra atrás do seu desejo. — Sophie segurou as mãos de Maya com força, e esta sentiu a energia penetrá-la como se tivesse se ligado na tomada. — Mantenha-se nesse estado. Ignore todos os pensamentos críticos e divergentes. Ignore as reações e opiniões das outras pessoas até se sentir totalmente magnífica, destemida e espetacular. Nesse estado, você conseguirá atingir o que quiser. Eu prometo.

Maya se mexeu um pouco, ainda segurando as mãos de Sophie, pensando no desafio importante e incrível que seria.

— E, depois disso, não basta se acomodar — disse Sophie, lendo seus pensamentos. — Muitas pessoas dizem que você só precisa de pensamento positivo para manifestar o que quer, mas não basta acreditar em si mesma. Precisa agir. Precisa dar passos ousados na direção de seus sonhos.

Maya engoliu, nervosa.

— Então — disse Sophie, soltando as mãos de Maya e levantando os braços para o ar —, qual é a coisa mais ousada que você poderia fazer hoje?

Maya pensou por um ou dois momentos, depois deu de ombros.

— Não sei.

— Sabe sim!

Mais uma vez, a energia de Sophie afetou Maya, fazendo seus dedos ficarem dormentes e seu cabelo, estático.

— Está bem, eu sei! — exclamou Maya, adorando o fato de Sophie ser tão sedutora. Sua energia e seu entusiasmo pela vida eram literalmente contagiantes.

— Ok. Uns dois anos atrás, fiquei doente — disse Maya. — Tive uma daquelas gripes horrorosas em que passamos a maior parte do tempo dormindo. Fechei a confeitaria e fiquei uma semana de cama. Mas quando estava acordada, escrevia. Foi incrível. Amei cada segundo. Eu não estava trabalhando, e não me sentia culpada porque não conseguiria servir uma xícara de café sem desmaiar. Apenas escrevi. E, de certa forma, em escala menor, senti como seria ser escritora em tempo integral.

Sophie riu.

— Isso é maravilhoso.

— A ideia de, mais uma vez, fechar o café por uma semana e apenas escrever me deixa nervosa — disse Maya. — Mas também me deixa animada.

— Excelente. A animação nervosa é essencial. O nervosismo mostra que você está saindo da sua zona de conforto, e a animação mostra que está voltando à vida — disse Sophie. — Então, que tal um mês?

Maya quase desmaiou.

— Está falando sério?

Sophie deu de ombros.

— Por que não ser realmente ousada?

— Porque estou falida. Mal consigo pagar as minhas contas trabalhando.

— É verdade, e a sua vida será assim para sempre se não começar a dar passos ousados. Sei que seria difícil. Mas será que dá para fazer isso sem colocar tudo a perder?

Maya ponderou com cuidado, então, nervosa, fez que sim.

— Acho que dá.

Sophie não disse nada. Apenas olhou para Maya e sorriu. No silêncio, permitiu que a jovem à sua frente sentisse o que estava em seu coração.

— Vou precisar de muita coragem — disse Maya finalmente — e de muita autoconfiança.

— Exatamente, mas sem isso, a vida não faz muito sentido, não é?

— Não — Maya suspirou, lembrando-se dos inúmeros momentos monótonos na confeitaria. — Não mesmo. Mas e se eu não conseguir escrever? E se desperdiçar o mês todo?

— Um mês seguindo seu coração nunca é um mês desperdiçado — disse Sophie. — E, acredite em mim, se tiver coragem para fazer isso, estará trilhando o caminho para seus sonhos.

Maya fechou os olhos e sorriu, deixando as palavras penetrarem em seu coração. Mas os medos e dúvidas em sua mente ainda gritavam bem alto, não permitindo que ficasse totalmente convencida.

Então, abriu os olhos de novo e olhou para Sophie, e algo dentro de si começou a se calar. Maya sentiu a paz e a satisfação da médium lentamente tomarem conta de seu ser: uma suave onda de amor próprio encheu seu coração; uma brisa de compaixão apaziguou seus medos; e uma corrente de coragem acendeu sua alma. Sentiu uma conexão tão intensa com Sophie que, por um rápido momento, conseguiu ver as coisas com clareza. Naquele momento, ela soube, no coração e na alma, que tudo que Sophie estava dizendo era verdade.

♥

Maya estava quase na porta quando, de repente, se lembrou de algo importante. Virou-se para Sophie.

— Esqueci de perguntar — disse Maya. — Como escuto o meu coração?

♥

Maya e Sophie se sentaram sobre a mesa, com uma pequena pirâmide de cristal violeta entre elas, uma olhando para a outra, com as pernas cruzadas.

— Ficar sentada *em cima* da mesa é uma parte importante do processo? — perguntou Maya, se sentindo totalmente ridícula.

— Não, mas eu gosto. — Sophie sorriu. — Vemos as coisas por uma perspectiva diferente, não acha?

E ali, sentadas em cima da mesa, Sophie ensinou Maya a escutar seu coração.

♥

Quando as pessoas deixam de se concentrar em seus sonhos, perdem-se no labirinto de suas mentes, vagando para sempre em círculos. Aí as cores da vida se tornam apagadas, e a animação começa a morrer. Até que esteja presa em uma armadilha feita por você mesma, olhando para a vida em vez de vivê-la.

No início, Maya ficou com medo. Então decidiu fechar a confeitaria por apenas duas semanas, apesar de um aperto no peito lhe dizer que isso era uma traição consigo mesma e com sua a promessa à Sophie. Mas estava nervosa demais para fechar a loja por um mês inteiro. Chegou a pensar em contratar alguém para cuidar do negócio, mas ainda teria de ficar de olho no trabalho da pessoa e não seria a mesma coisa do que efetivamente fechar as portas. Sophie especificara que deveria fazer uma pausa: corpo, mente e alma. E Maya queria, pelo menos, honrar isso.

Durante dois dias, ficou sentada na cama com Rosquinha, se perguntando o que iria fazer agora. Leu livros para se distrair, ligou para Faith, assistiu a alguns filmes, comeu muitas trufas de ameixa, brownies de chocolate com aveia e sorvete de caramelo crocante. Colocou todas essas guloseimas ao lado da cama, para não precisar ir muito até a geladeira e olhar para o computador intocado sobre a mesa da cozinha.

Pelo menos quinhentas vezes por hora pensava em descer e reabrir o café, mas Faith prometera ficar de olho nela, para assegurar que ela honrasse seu compromisso. Então, resistiu ao impulso e resolveu se transferir para o sofá da sala.

Tentou se convencer de que estava apenas tirando um tempo para descansar, relaxar e se acostumar às suas novas circunstâncias. Estava preparando o terreno para começar a escrever. Mas, na verdade, estava aterrorizada. Morria de medo de se sentar na frente do computador e não ter absolutamente nada a dizer.

♥

No meio do terceiro dia, Maya se levantou. Jogou o cobertor para fora da cama, deixou Rosquinha ir para o chão, tomou um banho, bebeu duas xícaras de café, andou de um lado para o outro na cozinha, deu comida para o gato, tentou ignorar a sublime fatia de bolo de limão na geladeira e, então, finalmente, se sentou para escrever.

Duas horas depois, a tela do computador estava em branco. E Maya sucumbira ao bolo. O cursor piscava para ela alegremente. Ela correspondia ao olhar, em desespero. Os seus piores medos estavam se concretizando. Fora louca em acreditar nesse plano. Quem ela pensava que era? Sonhar em escrever não fazia com que as palavras aparecessem na tela. Não tinha capacidade para fazer isso. Sentia-se um fracasso, uma idiota.

Maya suspirou e afundou a cabeça na mesa. Ficou sentada assim durante uma eternidade, incapaz de levantar a cabeça e encarar a tela em branco de novo. Rosquinha acabou pulando em cima da mesa e deitando em seu cabelo. Maya se mexeu de leve para tirar o gato sem que nenhum dos dois se machucasse. Rosquinha levantou a cabeça e começou a lamber o nariz de sua dona. Apesar de tudo, Maya sorriu.

Foi quando percebeu uma coisa. Sophie e Rose tinham tocado nesse assunto. Era exatamente o que tinham avisado para ela evitar. Maya deixou os pensamentos inundarem sua mente. Medos, preocupações e dúvidas a controlavam. E ficava acreditando neles, permitindo que ditassem e criassem sua própria realidade negativa. Foi aí que ela percebeu que não conquistaria nada na vida se continuasse escutando sua mente. Estava na hora de conversar com seu coração.

♥

Maya esperou escurecer, então desceu até a loja. Sabia que era um pouco estranho tentar isso em um lugar onde se sentia tão infeliz. Mas, por outro lado, era um lugar em que se sentia segura.

Quando estava sozinha de madrugada, costumava pensar em sua mãe, na saudade que sentia dela. Imaginava como seria mais feliz se Lily ainda estivesse viva. Às vezes, descia e preparava o bolo favorito de sua mãe: chocolate branco com água de rosas. Então, enconstava no balcão, deslizava lentamente até o chão, cruzava as pernas e comia. Sempre fazia bolos pequenos, pois o sabor perfeito combinado com sua tristeza fazia com que comesse até a última migalha.

Mas, nesta noite, não assou nenhum bolo. Ficou em pé no meio da confeitaria escura e tentou entrar em contato com seu coração. Invocou a imagem de sua mãe, sem a ajuda de gostos ou cheiros, e sentiu a familiar dor no peito. Falou algumas palavras, sentindo-se boba, e quase chegou a pensar em ligar para Faith, que ficaria feliz em ajudar com alguma coisa bem louca. Mas, agora que chegou até aqui, Maya sabia que precisava fazer isso sozinha.

Então, ficou parada, um único corpo no espaço vazio, olhos fechados, pés separados, braços caídos, cuidadosamente se lembrando do que Sophie dissera.

♥

— Vá até um lugar vazio e silencioso. Imagine seu coração e considere que é mais do que apenas um órgão. Ele está no centro da sua força vital e pulsa com criatividade, com amor. Imagine que ele seja a sua luz condutora; acenda-o e ele iluminará o seu caminho, conduzindo-a para a vida de seus sonhos.

— Você não pode estar falando sério — dissera Maya, achando que Sophie tinha perdido a cabeça. Mas ela apenas fitou Maya com um sorriso sábio.

— Todos nascemos com corações que se agarram aos nossos sonhos, protegendo-os das mentes e pensamentos negativos — dissera Sophie calmamente. — Quando somos crianças, seguimos o nosso coração o dia todo; vivemos de acordo com nossos instintos e intuições. Mas, um dia, deixamos de escutar nossos corações e começamos a ouvir nossos pensamentos.

Sophie suspirou com tristeza.

— Quando as pessoas deixam de se concentrar em seus sonhos, perdem-se no labirinto de suas mentes, vagando para sempre em círculos. Aí as cores da vida se tornam apagadas, e a animação começa a morrer. Até que esteja presa em uma armadilha feita por você mesma, olhando para a vida em vez de vivê-la.

Maya assentiu lentamente, sabendo o quanto isso era verdade. Descrevia com perfeição a trajetória da sua vida.

— Tente, então — estimulou Sophie. — Sei que acha ridículo, e vai se sentir meio boba no começo. Mas sempre que sua vida estiver estagnada, o seu coração pode lhe dar respostas. Se tiver a coragem de perguntar, tenho certeza de que ele lhe responderá.

Naquele momento, Maya não acreditara de verdade nas suas palavras, mas agora resolveu que iria tentar. Por que não? O que tinha a perder?

Maya ficou parada no meio da confeitaria, se sentindo meio ridícula. Imaginou seu coração como uma luz condutora e pediu que falasse com ela. Esperou. E esperou. Mas nada aconteceu. Então, quando Maya estava prestes a desistir, percebeu que não tinha realmente perguntado nada ao seu coração.

— Ok, meu coração — disse Maya em voz alta, achando-se louca e rezando para que ninguém estivesse olhando pelas janelas. — Estou estagnada e preciso da sua ajuda. Não sei o que pode me dizer. Acho que quero saber se devo tentar escrever... Não tenho certeza se eu consigo, parece bobeira até mesmo tentar. Mas teve aquele dia na biblioteca. Pela primeira vez na vida, eu me senti... me senti absolutamente... sublime. Sou louca de seguir esse sentimento?

Após vários minutos de silêncio, ela escutou. Ou melhor, sentiu, porque o coração não falava com palavras, mas com sentimentos. Maya ficou totalmente imóvel enquanto sensações borbulhavam dentro dela. Escutou-as gradualmente enquanto tomavam forma na sua própria voz.

— Eu devo escrever? — perguntou de novo.

— *Deve. Comece e não pare. Logo, logo, você vai estar escrevendo coisas lindas* — veio a resposta. — *E por meio disso você sentirá muita alegria.*

— Posso me sustentar escrevendo?

— *Um dia* — disse seu coração. — *Mas só se esta for a sua intenção. E você deve perseguir essa intenção com muitos atos de coragem.*

Maya ficou um pouco assustada com isso, e conforme começava a se afundar no medo, quase perdeu o contato com seu coração. Rapidamente, se concentrou de novo.

— E o amor?

— *Quando tiver compaixão por si mesma* — continuou seu coração —, *encontrará o amor. Muitos homens vão desejá-la, porque não existe nada tão atraente quanto uma pessoa que ama a si mesma completamente do fundo de seu coração. Então, escolha o seu caminho com cuidado.*

— É só disso que eu preciso para encontrar o amor? Compaixão? — perguntou Maya.

— *Compaixão, empatia e perdão são os pilares do amor incondicional. Mas o primeiro é o mais importante. Uma vez que tiver compaixão, os outros sentimentos logo irão surgir.*

Maya esperou, imaginando se deveria ou não fazer a pergunta da qual realmente queria saber a resposta agora. De alguma forma, sentia que não deveria, mas não se importou.

— Jake é o homem certo? — perguntou, mas não sentiu nada. Esforçou-se para escutar, mas não veio resposta alguma. Temendo que o silêncio em si fosse uma resposta, ignorou-o.

— Ok — suspirou Maya. — Você tem algum conselho sobre como devo fazer para emagrecer de uma vez por todas?

Desta vez, a resposta veio logo, não através do coração, mas do corpo de Maya. De repente, tomou plena consciência de seu corpo, como se fosse um ser vivo separado de sua alma. Sentiu suas dores, sofrimentos e arrependimentos. Sentiu o seu desejo de ser amparado, amado, aceito. Percebeu o quanto ele lamentava quando ela o odiava, quando não comia nada e o deixava desprovido, quando o enchia demais, percebendo o quanto ele estava se sentindo desprezado.

— *Enquanto você me odiar* — disse seu corpo —, *eu continuarei pesado, carregando o fardo desse sofrimento. Encha-me de amor em vez de ódio. O amor é leve, e o ódio, pesado. Cuide de mim, me alimente, me valorize e me ame incondicionalmente. Comece exatamente como eu estou, e meu fardo vai diminuir; vou abrir mão do excesso de peso e ficarei tão belo quanto é o meu destino ser.*

À medida que corriam pelo seu corpo, as palavras espalhavam sua mágica, como pequenas células regenerativas, elos em pequenas correntes que juntavam todos os pedacinhos quebrados e tornavam-na uma pessoa completa de novo.

No dia seguinte, Maya começou a escrever assim que levantou. Várias horas depois, uma história estava começando a tomar forma, e ela mal conseguia acompanhar as palavras. Finalmente, fez uma pausa. Embora pudesse ter ficado sentada em frente à tela para sempre, Maya se forçou a sair de casa para pegar um pouco de ar fresco. Caminhou até o parque e sentou-se no sol.

Quando recomeçou, a experiência foi diferente. As palavras vinham mais devagar desta vez. E, com muita delicadeza, começaram o seu processo de cura. Do céu, do espaço, do ar, de todo lugar, as palavras entravam em sua consciência. Pairavam à sua volta até viajarem por seu corpo, até a ponta de seus dedos e, dali, para as teclas. À medida que corriam pelo seu corpo, as palavras espalhavam sua mágica, como pequenas células regenerativas, elos em pequenas correntes que juntavam todos os pedacinhos quebrados e tornavam-na uma pessoa completa de novo.

Muito depois da meia-noite, Maya caiu na cama, exausta, mas totalmente feliz. Percebeu que o dia todo se esquecera de comer. E, quando estava fechando os olhos, notou que não pensara em Jake em nenhum momento do dia.

Na animação, parou de pensar em comida e em Jake. Sua mente não precisava sonhar acordada porque estava consumida por criatividade. E sua barriga não a incomodava porque ela estava consumindo palavras.

Maya nunca sonhou que um trabalho pudesse ser assim. Todos os dias, programava o despertador para as oito horas, mas sempre acordava pouco depois das seis, empolgada e ansiosa para escrever. E quando olhava para o relógio de novo, horas e horas tinham se passado, como se tivessem durado um segundo.

Estipulou que trabalharia até as seis horas da tarde todos os dias. Sophie tinha sugerido que Maya passasse as noites fazendo outras coisas de que gostasse, para alimentar o espírito e a alma. Mas estava se divertindo tanto que era difícil parar de escrever. E quando via que ainda eram três horas da tarde, seu coração enchia-se de felicidade, pois ainda sobravam três horas para continuar criando.

Na confeitaria, as horas se arrastavam, cada uma delas um lento tique-taque de tortura e tédio. Sentia-se presa num inferno que ela mesma estabelecera. Agora estava livre. Entrara em um paraíso que ela própria cunhara, sentindo-se mais viva do que jamais se sentira em toda a vida.

Para Maya, escrever era um ato de criação, e também o exercício de lembrar. Lembranças bonitas e singulares voltavam, dádivas que caíam em seu colo, pintando momentos de felicidade e esperança que acreditava ter perdido para sempre. Sua alma lentamente tomava forma nas páginas e, pela primeira vez na vida, Maya começou a perceber a sua grandeza.

Duas coisas que pesaram nela por tanto tempo agora sumiram por causa desse único passo verdadeiro que ousara dar.

Respirou fundo, juntando coragem, lembrando-se de seu mantra: não viva na segurança, viva na verdade. Então, percebeu que se convidasse Jake para sair, não deveria se preocupar com a resposta, se receberia um sim ou um não. O importante era ter coragem de expressar o que estava em seu coração.

Quando as duas semanas chegaram ao fim, Maya sabia que não estava pronta para reabrir a cafeteria. Ainda não estava preparada para desistir da felicidade. E, desta vez, não teve a menor dúvida.

Desceu as escadas correndo para mudar a data de abertura na placa, o medo e a empolgação provocando aquele frio na barriga. E, ao descer, percebeu que sua barriga estava balançando bem menos. Atravessou a confeitaria, abriu a porta, arrancou a placa, rabiscou a nova data e recolocou-a no lugar. Então, no momento em que estava se virando para ir embora, levantou a cabeça e o viu pelo vidro.

Jake sorriu, e Maya engoliu seco.

Com ele parado ali na sua frente, enquanto pensava se deveria ou não fugir, Maya de repente percebeu que este era o momento que talvez nunca mais conseguisse juntar coragem para recriar.

Finalmente, estava feliz, completa e satisfeita. Sabia que não precisava de um homem, mas mesmo assim queria um namorado. Além do mais, a sua felicidade lhe dava coragem.

É claro que, bem no fundo de seu coração, Maya sabia que ainda não estava na hora de se envolver com Jake. Ainda podia sentir as palavras de Sophie ecoando em sua cabeça: primeiro precisava amar a si mesma para depois amar um homem. De fato, Maya sabia que ainda não estava pronta. Mas teve medo de o momento passar e de nunca mais ter a coragem para aproveitá-lo.

Quando abriu a porta, Jake sorriu, e ela se derreteu.

— Oi — disse ele, entrando. — Que bom que você voltou. Eu estava, literalmente, contando os dias.

Maya abriu um sorriso radiante.

— É verdade — disse Jake. — Se eu não receber a minha injeção matinal de cafeína, passo o dia todo mal. Não suporto aquelas malditas redes. O café é tão fraco e sem graça! E eles não capricham nas raspas de chocolate nos meus cappuccinos.

O sorriso de Maya se apagou. Seguiu-o até o balcão, ansiosa. Isso não era exatamente o que tinha esperado.

— Bem, na verdade, não reabrimos ainda...

— Não? Nem para um freguês desesperado? — Ele abriu aquele sorriso sedutor de novo.

— Bom, sim, acho que... Bom, o que você vai querer? O de sempre? De toda forma, só tenho café mesmo. Não tive tempo de preparar os bolos. Mas você nunca pede bolo, então...

— Um cappuccino, por favor. Bem grande.

♥

Enquanto Jake pegava seu café e pagava, o desespero tomava conta de Maya. Não podia deixá-lo ir embora assim. Respirou fundo, juntando coragem, lembrando-se de seu mantra: *não viva na segurança, viva na verdade.* Então, percebeu que se convidasse Jake para sair, não deveria se preocupar com a resposta, se receberia um sim ou um não. O importante era ter coragem de expressar o que estava em seu coração.

É claro que, convenientemente, Maya ignorou o fato de esse desejo não vir realmente do coração. Queria tanto Jake que isso apagava todos os seus outros instintos. Se tivesse esperado um momento para ficar em silêncio e escutar os sussurros de seu coração, saberia disso. Mas, neste momento, os gritos de desejo e desespero de sua mente eram altos demais para escutar qualquer outra coisa.

Quando finalmente encontrou coragem, Jake já estava de saída.

— Espere!

Jake se virou. Maya ficou congelada e esperou que o chão a engolisse.

— Eu, hum — gaguejou Maya —, estava pensando se você não gostaria de... sair para jantar comigo.

Jake a fitou, surpreso. Os dez segundos seguintes foram os mais longos da vida dela.

— Claro — disse ele finalmente. — Por que não?

Maya suspirou, conseguindo respirar de novo. Um alívio enorme tomou conta dela. Não era exatamente a resposta que tinha sonhado. Mas não era um "não". E, neste momento, era só o que importava.

Eles não conversavam como quem joga pingue-pongue, cada um esperando a sua vez de falar; absorviam um ao outro, tinham papos malucos e maravilhosos.

Agora Maya tinha tudo o que sempre desejou. Estava escrevendo todos os dias, saindo com Jake todas as noites, e perdera quase sete quilos em três semanas. A única coisa que faltava era ganhar um pouco mais de dinheiro.

Acima de tudo, estava apaixonada. Ainda estava no começo, e ela não tinha a menor intenção de dizer isso para ele, mas realmente achava que Jake era o homem da sua vida. Sentia-se arrependida por tê-lo julgado mal antes, pois agora via o quanto ele era maravilhoso. E parecia gostar dela também, o que lhe parecia chocante e excitante. Jake estava sempre querendo passar um tempo com ela e, quando Maya não estava escrevendo ou fazendo alguma outra coisa que amava, os dois se encontravam.

O melhor de tudo era que ela não sentia necessidade de estar com ele. Gostava de sua companhia, mas não pensava nele quando não estavam juntos. Concentrava-se no que quer que estivesse fazendo, doava-se completamente, e sempre ficava surpresa quando o telefone tocava. E sempre era Jake, que ligava e planejava coisas fantásticas para fazerem juntos.

Todos os encontros eram perfeitos. Eles se divertiam com coisas fabulosas: iam assistir a balés, a peças de teatro, comiam em restaurantes finos, visitavam galerias de arte, caminhavam no parque sobre as últimas folhas de outono. Jake organizava todos os programas e pagava as contas. O que era bom, já que Maya mal podia comprar uma banana. Ele até comprava presentinhos para ela, coisas que mencionava gostar ou querer conhecer: ingressos para a ópera, chá de jasmim, um vestido vermelho de seda. E dúzias e mais dúzias de flores lindas, e nenhum cravo entre elas.

O que Maya mais amava era o fato de Jake realmente escutar o que ela dizia. Prestava atenção, fazia anotações mentais, só respondia depois de ter realmente pensado no que ela tinha dito. Eles não conversavam como quem joga pingue-pongue, cada um esperando a sua vez de falar; absorviam um ao outro, tinham papos malucos e maravilhosos.

Na primeira vez que fizeram amor, Maya quase chegou às lágrimas. Um homem não a tocava com tanto carinho havia muitos anos. Na verdade, desde Rose, o único ser vivo que tocara nela fora Rosquinha, que, apesar de fofo, não substituía um relacionamento amoroso.

Jake foi delicado, mas poderoso. Seus beijos foram quentes, e sempre que levantava a cabeça para respirar, ela arqueava o corpo em direção a sua boca, puxando-o para si, com ainda mais força, mais rapidez; até que, finalmente, se afogaram em um lago de pura felicidade.

Maya deitou nos braços de Jake, sem acreditar no que acabara de acontecer. Olhou para ele, que a beijou.

— Você está bem? — perguntou Jake.

— Não. Estou maravilhosa.

Na verdade, Maya estava radiante. Não apenas porque estava deitada ao lado dele, mas porque percebia que não se sentia carente, necessitada. Estava tão feliz, tão centrada, tão satisfeita, que não precisava dele. A vida era maravilhosa, e Jake era simplesmente um bônus.

— Você é diferente de todas as mulheres com quem já fiquei — disse Jake. — Adoro isso.

— *Todas?* — Maya sorriu. — Parece que você pegou geral.

— Para com isso — Jake riu. — Só estou dizendo que me sinto bem quando estou com você. Não sinto como se você estivesse tentando me aprisionar.

— E não estou — disse Maya, sendo sincera.

— Eu sei, e realmente amo isso. Amo estar com você. Não quero perdê-la.

— Não vai me perder — disse Maya. — Por que você acha isso?

— Não sei. Só sei que não quero.

Maya levantou a cabeça para dar um beijo nele.

— Você é uma mulher incrível, Maya — disse Jake. — Você é tão... bem-resolvida. Você me aceita do jeito que eu sou. Tantas mulheres querem mudar os homens para depois aprisioná-los. Mas você não. É por isso que eu te amo, você é tão feliz consigo mesma que simplesmente me deixa ser eu mesmo.

— Bem, acho que é porque não preciso de você para fazer com que minha vida seja bela, porque ela já é. — Maya sorriu. — Fico feliz quando você está aqui. Mas também sou feliz quando não está.

Maya percebeu, então, que estava realmente sendo sincera. Não estava dizendo isso apenas para fazer Jake se sentir bem. Estava tão feliz com isso, emocionada por finalmente ter encontrado um amor verdadeiro, sem as reviravoltas da necessidade e da dependência, que quase não percebeu que Jake acabara de dizer que a amava.

Esta era a primeira vez que realmente cuidava de si. A primeira vez que fez de sua felicidade seu objetivo número um. E, assim como Rose prometera, espalhava felicidade a todos que conhecia, deixando pequenos rastros de alegria por onde passava.

Maya amou cada segundo desses dias de felicidade, longe do café, escrevendo seu livro. Quando acordava, esperava alguns minutos, aquecendo-se com o sol da manhã. Às vezes, meditava antes de se levantar, pronta para escrever.

Quando se acomodava à mesa, bebendo seu café, sentia ser a criatura mais abençoada do mundo. Estava permitindo que seu coração se expressasse completamente, não o espremendo mais nas brechas do dia, mas permitindo que preenchesse cada momento de sua vida.

Quando não estava escrevendo, dava longas caminhadas, tomava banhos de espuma, meditava, dançava na sala, sentava-se embaixo de árvores e observava a vida acontecendo: todo pequeno evento tinha o simples propósito de alimentar a sua alma.

Finalmente, Maya compreendeu completamente o que Sophie tinha dito sobre encontrar uma vida antes de encontrar um parceiro. Esta era a primeira vez que realmente cuidava de si. A primeira vez que fez de sua felicidade seu objetivo número um. E, assim como Rose prometera, espalhava felicidade a todos que conhecia, deixando pequenos rastros de alegria por onde passava. Seus risos eram contagiantes, seu papo levantava o astral e suas gargalhadas abriam o coração das pessoas de tal forma que tinha a sensação de que, independente do que acontecesse, tudo ficaria bem.

Quando Maya escrevia, quase conseguia sentir sua alma transbordando de felicidade. Esse era o desejo de seu coração, e ela o estava cumprindo. E, como estava excitada demais para comer, Maya podia se deliciar com seu novo corpo. Acima de tudo, sentia-se incrivelmente orgulhosa de si mesma por ter tido coragem de seguir o conselho de Sophie.

♥

Foi uma noite maravilhosa. Maya estava tão animada, tão convencida de estar no caminho certo, de estar iniciando uma incrível jornada, que quase conseguia sentir a energia e o zumbido do ar.

Finalmente, chegou a hora de reabrir o Café Cacau. Maya estava com medo de voltar. Não queria deixar escapar a felicidade que finalmente havia encontrado. Não queria trair a sua alma.

Mas não sabia o que mais poderia fazer. No último mês, conseguiu terminar seu livro, um trabalho com traços de ficção espiritual autobiográficos, e achava que talvez pudesse ser ainda mais ousada e mandá-lo para agentes e editores. A ideia a assustava, principalmente porque o livro era muito pessoal, e o processo de escrita fora tão mágico, que uma possível rejeição seria dolorosa demais para considerar.

O primeiro dia em que Maya voltou ao batente foi um pouco estranho, como se não pertencesse mais àquele lugar. Ela ainda sorria enquanto preparava os bolos, misturando os ingredientes, cheirando a essência de lavanda, tirando do forno tortas de maçã e cereja, *crumble* de morango, tartelettes de chocolate e bolinhos de damasco. Mas quando abriu as portas da confeitaria e se sentou atrás do balcão, de repente voltou a ficar triste.

No final do dia, Maya estava pronta para chorar. Foram vinte fregueses ao longo do dia. Se quisesse sobreviver financeiramente, teria de se esforçar mais para fazer com que o café fosse um sucesso. Precisaria de muito mais esforço e dedicação. E não queria colocar nenhuma energia ali. Queria apenas escrever.

Naquela noite, Maya segurou as rédeas de sua coragem e decidiu enviar seu livro para algumas editoras. Sentou-se no chão da sala, pilhas de manuscritos à sua volta, e começou a colocá-los em envelopes. Rosquinha andava entre os papéis enquanto Maya trabalhava.

— Ei, gorducho, pare com isso — Maya pegou o gato e colocou-o carinhosamente no sofá. Rosquinha ficou sentado ali por um momento antes de pular de novo em cima de uma grande pilha de papéis e espalhá-los para todos os lados.

Maya passou a noite se lembrando do que Sophie dissera sobre o pensamento positivo e a necessidade de agir para criar a vida de seus sonhos. Então, conforme enchia os envelopes, pensou nas pessoas certas abrindo-os, lendo os primeiros capítulos, adorando e ligando para pedir mais. Imaginou seu livro sendo publicado, inspirando outras pessoas a viverem seus sonhos, vendendo exemplares suficientes para que pudesse se tornar escritora em tempo integral, e vivendo o resto de seus dias sentindo-se completamente satisfeita.

Foi uma noite maravilhosa. Maya estava tão animada, tão convencida de estar no caminho certo, de estar iniciando uma incrível jornada, que quase conseguia sentir a energia e o zumbido do ar. Várias vezes, levantou-se e dançou pela sala comemorando a vitória. Cada célula de seu corpo formigava. Foi o clímax perfeito para o seu mês de criatividade. Rosquinha sorria ao ver Maya colocando seus sonhos em prática.

Acho que os homens, em geral, querem ser amados da mesma forma que nós queremos. Mas às vezes as mulheres os espantam. Nós não realizamos os nossos sonhos e esperamos que eles façam isso por nós. É peso demais para uma pessoa carregar.

Seis semanas depois, Maya recebeu a primeira carta de rejeição, que a deixou arrasada. Simplesmente, não esperava. Estava tão animada, tão certa de que a primeira resposta seria um "sim", que não sabia o que pensar. Bem no fundo, a sua fé em Sophie e no poder de ser ousada ficou um pouco abalada. Quando, no final do mês, cada um de seus manuscritos foram devolvidos com uma carta de rejeição, sua alma estava completamente destruída.

Não conseguia entender. Fizera exatamente o que Sophie sugerira. Mas não tinha dado certo.

Naquela manhã, em um acesso de raiva e desespero, Maya fechou a confeitaria, enquanto a última carta de rejeição ainda estava sobre o balcão. Queria quebrar tudo à sua volta, jogar os bolos pelas janelas e os pratos no chão. Em vez disso, encostou no balcão, deslizou até o chão e chorou.

Se Sophie estivesse ali, diria para Maya não desistir. Teria lembrado a ela que nos momentos de maior desespero é quando mais precisamos de autoconfiança. Teria dito que este era apenas o começo de uma jornada maravilhosa, que precisava se reerguer e continuar com sua fé e determinação, porque seus sonhos não estavam tão distantes. Mas Sophie não estava lá, e Maya nem pensou em ligar para ela. Em vez disso, ligou para Jake.

Naquela noite, Jake ajudou Maya a se esquecer da decepção. Levou-a ao cinema e, enquanto estavam sentados de mãos dadas, trocando beijos e dividindo a pipoca, Maya sufocou sua tristeza e se concentrou em ficar com ele.

Mas, embora não tenha percebido isso, junto com a tristeza, Maya sufocou a fé em seus sonhos porque, agora, eles só a faziam sofrer. Então, naquele momento, no auge de todos os momentos em que desistira de si mesma, fez isso de novo. Pensou que talvez não precisasse escrever. Talvez o seu relacionamento com Jake fosse suficiente.

— O quê? — gritou Faith, depois que Maya lhe contou esses pensamentos. — Você se esqueceu de tudo que Sophie disse? Está se esquecendo de sua satisfação pessoal?

— Eu sei, eu sei. Não me esqueci. Só que não posso passar o dia todo escrevendo; preciso cuidar do café — disse Maya. — E se eu preciso fazer isso, então preciso de um amor na minha vida para me ajudar a passar por isso.

— Isso vai acabar em desastre — disse Faith. — Você está querendo que ele seja a fonte da sua felicidade. Isso não está certo. Vai acabar arruinando o seu relacionamento. Você vai se transformar numa mulher carente, necessitada e grudenta, e ele vai fugir de você.

— Ah, isso não é justo.

— Olha, não é justo você colocar uma pressão tão grande em cima de alguém. Não é obrigação dele fazer você feliz.

— Deixe de ser tão espiritual — respondeu Maya. — Nem todos podem ser como você, sabia? Não podemos existir apenas nos nutrindo na fonte de amor universal, ou seja lá como você chama isso. — A raiva subiu pelo peito de Maya, que lutou contra ela, suprimindo a vontade de desligar o telefone. — Olhe, você pode não entender, mas o amor de verdade é assim, um fazer o outro feliz.

— Não — disse Faith, baixinho —, isso não é amor. Isso é apenas não assumir a responsabilidade da sua própria vida, da sua própria felicidade.

— Bem, independente do que você disser, eu não sou como você. Preciso de um homem para me fazer feliz.

— Isso não é verdade. Um mês atrás você estava tão feliz consigo mesma que ele era apenas um bônus na sua vida. Você mesma disse isso. Um dos muitos pedacinhos de chocolate no seu biscoito — disse Faith, repetindo a piada que um dia fez Maya rir. Mas desta vez, ela estava tão envolvida em uma necessidade desesperada de estar certa que só a deixou ainda mais furiosa.

— Preciso ir — mentiu Maya.

— Espere.

Maya suspirou.

— Minha querida, só estou tentando ajudar — disse Faith, carinhosamente. — Sei que você quer que eu concorde com você neste momento, que diga que está fazendo a coisa certa. Mas eu amo você demais para fazer isso. Estou lhe dizendo, se quer que o seu relacionamento dê certo, está entrando por um caminho que pode levá-la a perder esse cara. Mas eu entendo se você me odiar por dizer isso.

Maya suspirou de novo.

— Eu não odeio você. Só... só não acho que esteja certa. — Mas sua voz não tinha mais tanta convicção quanto antes.

— Ok — disse Faith. — Antes que você desligue, só me deixe falar mais um coisa. Andei saindo com alguns caras, e tem sido incrível. Agora eu realmente acredito que a velha história de que os homens não estão dispostos a amar é besteira.

— O quê?

— Acho que os homens, em geral, querem ser amados da mesma forma que nós queremos. Mas às vezes as mulheres os espantam. Nós não realizamos os nossos sonhos e esperamos que eles façam isso por nós. É peso demais para uma pessoa carregar.

— Eu não...

— Neste momento, você está começando a se resignar a uma vida que te deixa infeliz. E, em vez de encontrar a coragem para mudar, está pensando em investir toda a energia do seu coração em Jake. E não é justo. Não é justo com ele nem com você. Vocês dois merecem mais que isso.

O brilho do amor era ofuscante, tanto que não permitiu que Maya visse as centelhas de desarmonia, as luzes de alerta que piscavam silenciosamente dentro dela.

Passou-se um mês e, embora suspeitasse seriamente que Faith estivesse certa, Maya ainda preferia ignorar seu conselho.

Tentava não pensar nas rejeições, mas a sensação de decepção e derrota a impediam de escrever. Os dias monótonos iam passando um após o outro, pesando em seu coração. Não tinha energia nem vontade de fazer todas as coisas que amava à noite; em vez disso, optou pelo caminho mais fácil: passar o tempo com Jake.

E, logo, esses se tornaram os únicos momentos de alegria da sua vida. Tinha seu homem e agora permitia que todos os seus outros desejos morressem na praia. E, embora tivesse medo do que estava fazendo, Maya tentava esquecer o que Faith dissera e se concentrava em ser feliz com Jake.

Quando não estava com ele, esperava até a hora em que estaria. Olhava para o relógio o tempo todo. Comia biscoitos para passar o tempo. Começou a se esquecer das pequenas coisas que um dia a fizeram tão feliz. E, depois de um tempo, deixou de se importar.

Começou a ligar para Jake, não apenas quando queria estar com ele, mas quando não queria ficar sozinha. No início, ele vinha sempre que ela chamava, mas, então, alguma coisa começou a mudar entre eles. Jake começou a se afastar um pouco, e Maya passou a precisar ainda mais dele.

Ela sabia o que estava acontecendo; podia sentir uma força que a arrastava para Jake e queria desesperadamente impedir isso. Mas, por mais que quisesse, não conseguia controlar seus sentimentos. Não tinha mais nada na vida. Apenas uma confeitaria que só lhe dava dor de cabeça, uma tendência a exagerar no chocolate, uma insatisfação crescente com o próprio corpo, um vazio na alma. E Jake. Ele era a única fonte de prazer na vida de Maya, e ela estava viciada.

O brilho do amor era ofuscante, tanto que não permitiu que Maya visse as centelhas de desarmonia, as luzes de alerta que piscavam silenciosamente dentro dela. E ignorou durante dois meses, quando Jake parou de ligar e ela começou a sentir sua essência se evaporar.

Maya fez tudo que podia imaginar para recuperar Jake e reacender seus sentimentos por ela. Esquecendo-se totalmente de Faith, Rose e Sophie, Maya estava convencida de que Jake era a única fonte verdadeira de satisfação em sua vida. Sempre que sua prima ligava, fingia que estava tudo bem e desligava o mais rápido que podia.

E quando faziam amor, Maya sentia falta da intimidade que tinham no início do relacionamento. Então Maya implorava para fazerem amor, desesperada para sentir aquilo de novo. Nessas noites, ficava acordada na cama enquanto ele dormia, se agarrando com todas as forças à intimidade cada vez menor que compartilhavam, pois sabia que aquela sensação só duraria aquela noite e desapareceria de manhã.

Recentemente, enquanto Jake dormia, Maya saía de fininho da cama para ler as mensagens no celular dele no escuro, procurando pistas de outras mulheres. Mas nunca encontrou nada que o incriminasse, apenas novos níveis de autodepreciação e de desespero que nunca imaginara alcançar. Depois, ficava sentada na cama, tremendo, o coração disparado, perguntando-se se algum dia voltaria a se sentir bem de novo.

Maya nunca contou nada disso para Jake, porque temia que isso o afastasse para sempre. Ao contrário, aproveitava todas as vezes que ele aparecia depois de ela ligar, e se agarrava a cada minuto que passavam juntos. Mas, como não conseguia revelar seus sentimentos verdadeiros, Maya não se doava mais. Mantinha tudo guardado, com medo do que poderia acontecer se fosse honesta sobre qualquer coisa. Então, apenas escutava o que Jake falava e correspondia apenas acenando, sorrindo e concordando com tudo. Não demorou muito para Jake ficar entediado e Maya estar oca por dentro, não sabendo mais o que pensar ou o que sentir. Não se conhecia mais.

Então, a pequena e fraca faísca se apagou.

Mas Maya não aceitava. Tentou apimentar a relação, conhecê-lo mais a fundo, mesmo sabendo que seu coração não lhe pertencia mais. No início, Jake tentou ser legal, mas quanto mais ela insistia, mais ele se afastava. Até que ele começou a ser cruel.

Quando Jake disse para Maya que achava que não deviam mais ficar juntos, ela estava convencida de que ele estava errado. Então, grudou nele por mais seis meses. Não importava o que ele dissesse ou fizesse ou o quanto doesse. Até que, finalmente, ele a deixou.

♥

Nesse dia, Maya estava em pé no meio da sala, gritando, enquanto Jake estava sentado no sofá e Rosquinha escondido debaixo dele.

— Eu aposto que milhares de homens por aí poderiam me amar! — berrou Maya, desejando desesperadamente acreditar nisso. — Por que o homem que eu amo tem de ser um cretino? Por que não consegue mais me amar? O que tem de errado com você?

— Eu não sou um cretino — disse Jake, calmamente. — Eu nunca pedi para você desistir de você mesma. Eu nunca pedi isso. Você fez isso sem a minha ajuda.

Mas Maya não escutava nem tentava compreender.

— Por que você não foi capaz de me amar? — soluçou ela, sentindo que estava prestes a se partir em pedaços. — Por que não foi capaz de corresponder ao meu amor?

— Eu correspondi. Eu amei você.

Maya estava prestes a gritar de novo, mas parou, boquiaberta, encarando-o.

— Mas você mudou — continuou Jake. — Você parou de *se* amar.

Maya ainda não conseguia falar.

— É difícil amar uma pessoa que desistiu de tudo. E eu não consigo... simplesmente não consigo mais fazer isso.

Jake se levantou e foi até ela. Primeiro, ela o empurrou. Então, ele a puxou e a abraçou bem forte, como Rose fizera um ano atrás.

— Eu sinto muito — sussurrou Jake. — Sinto muito mesmo.

O amor falso é quando simplesmente queremos outra pessoa, enquanto o amor verdadeiro é querer que ela seja feliz.

Maya estava sem nada. Jake tinha ido embora; não escrevia nada há mais de um ano e estava dez quilos acima do peso. Depois que Jake partiu, ficou dois dias sem sair da cama, soluçando até seu coração não aguentar mais. Chorou por tudo que tinha perdido.

Enquanto agarrava seu travesseiro molhado, fungando, limpando o nariz na manga do pijama, as palavras de Jake não saíam de sua cabeça. Queria vomitar.

É claro que ele estava certo. Rose, Sophie e Faith também. E ela ignorara todas elas. Jake não pedira que vendesse sua alma ao relacionamento deles. Fizera tudo isso sozinha, porque tivera medo de perdê-lo. Porque, quando abriu mão de seus sonhos, ele era tudo o que lhe restava. Mas, é claro, mesmo quando estava com ele, se sentia solitária e abandonada, como uma pobre órfã, tentando desesperadamente convencer alguém a adotá-la, em vez de ser uma mulher que conhece o próprio valor: brilhante, magnífica e confiante de que não precisa persuadir um homem a amá-la.

Maya soluçava ao se lembrar de si mesma no começo do relacionamento. Agora via no que seus medos tinham-na transformado e sofria por isso. Depois de abandonar-se completamente, agora sentia o peso da dor sombria de estar absoluta e totalmente só.

♥

No terceiro dia, com muita força de vontade, Maya se forçou a voltar para a confeitaria. Mas, uma vez lá, se sentou atrás do balcão e chorou. Alguns fregueses entraram, e ela os serviu entre lágrimas, mas a maioria das pessoas que via a mulher soluçando através do vidro passava direto.

No final da semana, Maya parou de chorar e começou a comer. Dia após dia, comia as sobras dos brownies, bolos e tortas da vitrine, não se importando mais em tentar parar. Não conseguia encarar a dor; sem chocolate, achava que seu coração se despedaçaria.

Depois do trabalho, continuava a chorar por causa de Jake, vagando pelo apartamento, perdida em lembranças e lágrimas. Sentia saudade da forma como ele a abraçava, escutava e amava. E, quando não estava se afundando em saudade, arrependia-se pela forma que agira, pressionando-o, até que ele não a quisesse mais.

♥

Certa noite, quando estava particularmente desesperada, encharcando seus lençóis com lágrimas, sentindo-se mais solitária que nunca, Maya rezou pedindo ajuda. Rezou para Deus, para os anjos, para seu coração, para as forças cósmicas, para qualquer um ou qualquer coisa que pudesse lhe oferecer algum alívio e conforto. Exausta de tanto chorar, acabou dormindo. E assim que caiu no sono, começou a sonhar...

Estava do lado de fora do café, mas não havia rua e sim um infinito campo de flores. Centenas de tipos diferentes brigavam por espaço no solo: lírios brancos, rosas vermelhas, lisiantos lilases, peônias cor-de-rosa e milhares de margaridas.

Maya sorriu ao ver as cores e sentiu o doce e envolvente aroma. Olhou para o horizonte, até que o oceano de flores se misturasse com o pôr do sol. O céu espelhava o campo, refletindo os milhares de matizes, fazendo com que Maya entrasse numa espécie de sublime pintura.

Uma mulher apareceu no horizonte, flutuando em sua direção. Então, tocou o chão e andou pelo campo, gentilmente abrindo caminho através das flores, tocando suas pétalas com as pontas dos dedos.

Por um momento, antes de conseguir definir o rosto, Maya achou que a mulher fosse sua mãe e chorou. Um instante depois, viu que não era Lily, e sim Rose.

Maya sorriu, um pouco decepcionada, mas ainda feliz. Quando se abraçaram, aninhou o rosto no calor do pescoço da senhora, entregando-se a um abraço como se fosse criança. Conforme Maya respirava, lenta e profundamente, sem querer soltar o abraço, pensou em uma coisa que a fez perceber se tratava de um sonho. Rose era, pelo menos, uns trinta centímetros mais baixa do que Maya, então não havia como abraçá-la dessa forma. Logo, Maya afastou o pensamento, sem nenhuma dificuldade, ao contrário do que acontecia com Jake, e envolveu-se de novo no conforto de Rose.

Ficaram abraçadas por um bom tempo até que, de repente, se separaram, olhando uma nos olhos da outra. Foi quando Maya percebeu que estavam flutuando juntas sobre o campo de flores.

— Tenho algo para lhe dizer — sussurrou Rose. — Uma coisa muito importante.

Maya sorriu para ela. Aterrissaram com leveza e se sentaram entre as flores, fazendo das peônias fofas almofadas. Rose pegou a mão de Maya.

— Você está mais triste do que quando fui embora.

Maya olhou para o chão.

— Infelizmente, acho que não segui o seu conselho — admitiu ela baixinho. — Amei um homem mais do que a mim mesma. E acabou tendo um desfecho complicado.

— Eu sei, querida, estava assistindo.

— Mesmo?

— Tentei falar com você várias vezes, mas você não me escutava.

— Eu sei, me desculpe. Não escutava ninguém. Nem você, nem Faith, nem meu próprio coração. — Maya abaixou a cabeça. — Às vezes eu sentia, mas meu desejo por ele era tão mais forte que...

— Você estava tomada pelo medo — disse Rose, gentilmente. — E sinto muita compaixão por você.

— Mesmo? Não acha que eu sou uma completa idiota? Ignorei seu conselho, me agarrei obsessivamente a Jake, mesmo sabendo que acabaria sofrendo no final. Porque eu me sentia horrível. Cometi um erro enorme. Fui tão idiota.

Rose colocou um dedo sobre os lábios de Maya.

— Ah, querida, não seja tão cruel consigo mesma. Você não cometeu um erro. Não existem erros, apenas lições de vida que ainda precisa aprender.

À sua volta, pétalas de rosa brilhavam com a luz do sol se pondo, e Maya respirou um pouco mais fundo, sentindo um alívio ao escutar as palavras de Rose.

— Mas ainda acho que eu poderia ter feito tudo diferente — disse Maya. — Podia ter tornado as coisas menos dolorosas. Eu estava aprendendo sobre amor, verdadeiro e falso, mas...

— E o que aprendeu?

Como não tinha pensado em praticamente nada além disso ao longo da última semana, Maya sabia exatamente o que responder.

— O amor falso é quando simplesmente queremos outra pessoa, enquanto o amor verdadeiro é querer que a pessoa seja feliz — disse ela baixinho. — Fiquei tão obcecada por Jake como minha única fonte de alegria, o desejava tanto, que deixei de me importar com os sentimentos dele. — Maya soltou um pequeno riso. — É loucura, mas no final eu quase achava que poderia matá-lo por não corresponder ao meu amor. Mesmo assim, eu me julgava apaixonada por ele!

Ao ouvir isso, Rose abriu um enorme sorriso que quase irradiava luz.

— Perfeito. Essa é uma grande lição.

— Mas — protestou Maya —, você me alertou sobre isso no nosso primeiro encontro. Por que não escutei e aprendi naquela hora, sem ter que passar por todo esse sofrimento?

— Ah, minha doce Maya — disse Rose, apertando sua mão. — Não seja tão dura consigo mesma. Você não fez nada de errado. A maioria das pessoas não aprende apenas escutando o conselho de outras. É claro que precisamos de conselhos, porque experiência sem compreensão não nos ensina nada. Mas as pessoas também precisam viver suas próprias vidas. Então, poderão usar palavras de sabedoria para moldar suas experiências e compreendê-las.

Maya escutava. Na delicadeza do sonho, as palavras de Rose se espalhavam pelo ar, suspensas, totalmente reais e verdadeiras.

— Agora eu entendo — disse Maya. — Entendo a diferença entre o amor falso e o verdadeiro, entre o desejo e a necessidade. Agora compreendo o que é achar que se ama alguém desesperadamente quando, na verdade, só estamos pensando em nós mesmas, guiadas pelos nossos próprios desejos. Nunca mais farei isso.

— Muito bem. — Rose sorriu. — Você compreende muita coisa, mas não tudo.

— Não?

— Você precisa saber mais uma coisa sobre relacionamentos que fará com que a compaixão substitua o sofrimento que está sentindo. Isso permitirá que liberte Jake e resgate a si mesma.

Maya endireitou-se, pressionando as mãos no tapete de flores, a promessa de alívio do sofrimento fazendo-a se concentrar completamente.

— O quê?

Rose também se endireitou, libertando as flores que antes estavam embaixo dela.

— Você está desconfortável? — perguntou Maya, percebendo que já estavam sentadas ali há um tempo. — Quer ir para outro lugar?

— Não posso estar desconfortável, querida — respondeu Rose, sorrindo. — Isto é um sonho.

— Ah, é verdade, claro.

— Mas não se preocupe — disse Rose, lendo seus pensamentos. — Tudo que eu disse é verdade.

Maya sorriu.

— Maya — continuou Rose —, você precisa entender que os relacionamentos seguem leis emocionais que são tão reais e firmes quanto as leis da física, como a da gravidade. E quando se está em um relacionamento, você está sujeita a essas leis, até estar esclarecida.

— Bem — disse Maya —, não tenho nenhuma chance de estar assim, temo que eu ainda seja controlada por minhas emoções.

— Espere um segundo... — Rose levantou um dedo. — Detectei um tom de autocrítica. Não faça isso, por favor. De qualquer forma, como você aprendeu quando começou a escrever, é mais fácil compreender as coisas quando estamos sozinhas do que quando estamos acompanhadas, principalmente por um namorado.

— Por quê? — Maya e suspirou.

— As nossas lições de vida são ampliadas quando estamos em um relacionamento. É como colocar duas pessoas em uma panela de pressão de necessidades, desejos, medos, julgamentos e críticas. Tudo o que você faz para si mesma, tudo o que está tentando aprender, também faz com a outra pessoa, e vice-versa.

Maya assentiu.

— A dor vem em dobro.

— Exatamente. — Rose riu. — E aí, ou um ajuda o outro a encontrar a cura ou os dois explodem.

Maya não pôde deixar de rir.

— Então — continuou Rose —, cada de um nós carrega as próprias lições para um relacionamento e, aí, dependendo de quanto somos corajosos e de quanto estamos dispostos a aprender, tentamos resolver e encontrar a cura junto com a outra pessoa.

— Ok — Maya pensou. — E qual é a minha lição?

— Minha querida, você tem algumas, todos temos. Mas o problema principal que você e Jake enfrentaram foi a necessidade.

— Necessidade? — questionou Maya. — Bem, eu sei que comecei a precisar muito dele e que isso o afastou de mim. Foi assim que destruí o relacionamento.

— Bem — disse Rose —, deixando de lado o fato de que está sendo dura demais consigo mesma de novo, o que você disse é apenas parte da verdade.

— Parte?

— É por isso que as pessoas se metem em tantas encrencas. Sabem um pedaço da verdade e acham que sabem de tudo. Acham que explica porque estão estagnados em padrões autodestrutivos. Mas não percebem que o que sabem não é a verdade *completa*, pois, se fosse o caso, estariam libertados.

— Ah — exclamou Maya, impressionada. — Por favor, me conte o resto, por favor.

Maya não podia suportar a ideia de precisar passar por outro relacionamento fracassado para aprender a lição de vez.

— Não se preocupe. Estou aqui para lhe contar. Foi por isso que vim.

— Claro. — De repente, Maya entendeu. — Você está aqui para salvar a minha vida.

— Estou aqui para lhe oferecer a sabedoria para você salvar a sua própria vida. — Rose sorriu. — Você precisa colocar isso em prática.

— Eu colocarei, prometo.

— Tudo bem, então. Vou lhe contar o que sei.

Rose separou as mãos, levantando-as como se equilibrasse uma bola no ar em cada mão.

— Quando nascemos, precisamos desesperadamente das outras pessoas para sobreviver. Mas, conforme crescemos, se nossos pais não nos tratam bem, se eles nos machucam, passamos a querer desesperadamente parar de precisar deles, mesmo que ainda dependamos deles para tudo. Você compreende?

Maya assentiu.

— Mais ou menos.

— Isso acontece com a maioria dos jovens. Porque mesmo pais perfeitos e amorosos não podem achar que conseguirão suprir todas as necessidades dos filhos. É impossível. Você vai entender isso quando tiver filhos.

— Primeiro, preciso parar de afastar os homens. — Maya sorriu. — Portanto, não sei se filhos serão parte do meu futuro.

— Veremos. — Rose riu. — De qualquer forma, independente das razões, os pais podem deixar dois legados para os filhos: o medo do abandono ou o medo de ser engolido.

— Como assim? — Maya franziu a testa.

— Bem, você tem o primeiro, porque seu pai a abandonou. E Jake tem o segundo, porque a mãe dele o mimou tanto que ele simplesmente queria fugir.

— Então, nós nos encaixávamos perfeitamente?

— Isso mesmo, é assim que os relacionamentos funcionam. A lição da vida não é um compensar o outro, mas encontrar o equilíbrio dentro de si.

Maya suspirou.

— Eu queria ter podido fazer isso.

— Ah, mas você não fracassou. Um relacionamento acabado não significa que tenha fracassado. E se simplesmente não fosse para acontecer, se Jake não fosse o homem certo para você? Nesse caso, ele apenas contribuiu para que você visse as coisas de forma mais clara. E a experiência foi perfeita, assim como você — disse Rose. — Compreender a psicologia por trás dos relacionamentos amorosos não é necessariamente uma fórmula para consertá-los. É uma dádiva curar nosso coração e criar um amor que dure muito com a pessoa certa. Mas alguns relacionamentos não foram feitos para durar para sempre.

Maya estava escutando com tanta atenção que nem percebeu que estava chorando. Entretanto, não estava sofrendo, sentia-se apenas triste. Como se tivesse mergulhado fundo nessa emoção e percebido que ela é quente e amável.

— Você não está sofrendo — explicou Rose, sem tirar os olhos de Maya — porque está se permitindo vivenciar isso, não está resistindo. A tristeza é uma emoção doce se nos permitirmos senti-la. Faz com que nos lembremos de que estamos vivos. Só há sofrimento quando resistimos à tristeza, se lutamos contra ela.

Maya concordou, enquanto sentia a tristeza se espalhar por seu corpo. Depois, foi embora. Maya riu, de repente feliz.

— Esta é outra coisa — disse Rose. — Se você se permitir sentir, voltará para seu estado natural de paz e felicidade.

— Nossa! — exclamou Maya. — Isso é maravilhoso.

— É a vida. — Rose sorriu. — Agora, temos outras coisas para falar. E não tenho muito tempo porque você está prestes a acordar.

— Por favor, não vá embora ainda. Eu preciso compreender toda a verdade do que aconteceu entre mim e Jake. Por favor. Eu não posso... realmente não posso passar por isso de novo com outra pessoa. Acho que não conseguiria.

— Não se preocupe. Não vou embora sem lhe dizer tudo, mas precisamos ser rápidas.

Maya assentiu.

— Quando as pessoas deixam sua personalidade dominar — continuou Rose —, acreditam precisar de outras pessoas para serem felizes. Isso é perfeitamente normal e não faz mal nenhum, exceto quando negamos esses sentimentos. É aí que as coisas começam a ficar confusas e dolorosas.

— Como?

— Bem, querida, como todo casal que não se sente à vontade em um precisar do outro, você e Jake jogaram um jogo. Imagine que a necessidade que tinham fosse uma batata quente que ficavam jogando um para o outro, porque não queriam segurá-la — Rose levantou as pequenas mãos de novo, como se, mais uma vez, estivesse cuidadosamente equilibrando alguma coisa no ar em cada uma das mãos.

— Em um relacionamento equilibrado, cada um é responsável por cinquenta por cento do desejo e da necessidade. Mas, no seu caso com Jake, quando você abriu mão de escrever e de todas as outras coisas de que gostava, a balança começou a pender cada vez mais para o seu lado, e você começou a sentir o peso.

— E ele começou a sentir cada vez menos?

— Exatamente. Então, quando você estava com setenta por cento, ele só sentia trinta. Até que você concentrou tudo em você, e ele não sentia mais nada. É assim que um relacionamento pode se tornar totalmente desequilibrado.

Maya suspirou.

— Isso é terrível.

— Ah, não — Rose sorriu. — Esta é chave para a sua libertação. A necessidade que você sentia não era toda sua. Também estava sentindo a dele. Estava com os seus cinquenta por cento, e os cinquenta dele também.

— Então, eu estava cem por cento necessitada?

— Isso mesmo.

— Mas não estou?

— Claro que não. Quando você estava escrevendo seu livro, não precisava de outras pessoas, precisava?

— Não, de forma alguma. Estava completamente feliz comigo mesma.

— Então, aí está.

— Ou seja, quando eu estava soluçando sentada no chão da cozinha, achando que eu morreria se ele me deixasse, esses sentimentos não eram reais, não eram verdadeiros?

Rose sorriu.

— Agora você está começando a entender.

— É incrível, eu...

— As pessoas entram juntas nesses joguinhos; só não percebem — explicou Rose. — Uma pessoa, geralmente a mulher, sente a maior parte ou toda a necessidade, então o outro, geralmente o homem, não sente. Aí, quando a balança está desequilibrada, ela acredita que é completamente dependente dele, e ele acredita que não precisa dela para nada.

— Por que é assim?

— Bem, é claro que nem sempre é assim. Mas, geralmente, é a forma como somos criados. Pais distantes criam meninas acostumadas a sentir carência, que, então, assumem prontamente esse papel no relacionamento. Mães superprotetoras criam meninos que precisam de distância para se definirem, então se encaixam mais facilmente no papel do parceiro que quer fugir.

— Entendo.

— Ótimo. — Rose sorriu. — Porque quando realmente entender isso, uma vez que entender isso na sua alma, quando começar a acontecer de novo, saberá que não é real e não permitirá que prossiga. É como se recusar a tomar uma injeção de heroína.

— É como uma droga, não é?

— E quando você compreende isso, se liberta — continuou Rose. — Os falsos sentimentos vão simplesmente desaparecer. Aí, em vez de pensar que *precisa* de um homem, você será capaz de realmente *amá-lo*.

— Isso é fantástico. — Maya sorriu. — Eu gostaria que você pudesse contar isso para todas as mulheres do mundo.

— E aos homens também — disse Rose. — Faço o que posso, mas geralmente não me escutam.

Maya abriu a boca para perguntar alguma coisa. Mas Rose colocou um dedo sobre seus lábios e ela permaneceu quieta. Encararam-se, fixando o olhar sem desviar. Gradualmente, Maya mergulhou em um nível elevado de compreensão, vendo nos olhos de Rose várias verdades que vinha buscando por toda a vida. Estava completa. Não precisava de nada. Tinha tudo. Ela *era* tudo: um pedaço perfeito de Deus.

Então Rose desapareceu. E Maya ficou sozinha, contemplando o campo de flores. Não sabia se veria Rose de novo. De repente, sentiu saudades dela e de sua mãe. Foi quando Maya percebeu. Rose era Lily. E Lily era Rose. E Rose e Lily estavam em todos aqueles que já conhecera. O amor não está apenas em uma pessoa, um homem. O amor está em todos os lugares. Nunca percebera isso antes, porque nunca olhara de verdade.

Maya abriu os olhos, bem-acordada, olhando o teto, digerindo tudo. Ainda deleitando-se no esplendor do amor universal, não entendia como sua obsessão por Jake a cegara.

Abraçou-se, rindo. O som assustou Rosquinha, que deu um salto, as orelhas se mexendo. Maya jogou um beijo para o gato.

— Oi, meu amigo gorducho e peludo!

Ela jogou as cobertas no chão, pulou da cama, desequilibrando Rosquinha, que deslizou para o chão e olhou para ela, triste.

— Vamos, nervosinho. — Maya sorriu.

Pegou o gato, foi até a sala e colocou-o no sofá. Apertou e acariciou Rosquinha, que, perdoando bondosamente a transgressão anterior, miou. Maya, sentindo-se animada e renascida, sorriu e olhou para o nada. Passado um tempo, Rosquinha saiu do colo dela, atravessou a sala acarpetada, pulou em cima de uma mesinha escondida no canto e começou a miar. Despertada de seus pensamentos, Maya levantou o olhar e viu o gato balançando o rabo decididamente.

— O que é? O que você quer?

Rosquinha continuou miando.

— Está com fome?

Maya se levantou do sofá e foi à cozinha, mas no meio da sala parou e olhou para Rosquinha, que não tinha se mexido. Geralmente, quando ela ia para a cozinha, o gato ia atrás. Sentiu um arrepio subir por sua espinha. Foi até a mesinha e pegou Rosquinha no colo.

— O que é? — perguntou Maya, fazendo carinho no gato agitado.

Olhou para a mesa. Então, sem saber por que, abriu a gaveta. Lá estava seu manuscrito, intocado há um ano. Maya suspirou e sorriu. Apesar de toda a decepção que o livro lhe causara, a lembrança de escrevê-lo ainda era mágica. Deixou Rosquinha pular de seu colo e pegou o livro. Levou-o até o sofá. Ficou sentada por um tempo, olhando para o manuscrito, tocando a capa e absorvendo-o. Então virou a primeira página.

♥

Duas horas depois, Maya virou a última página e fechou os olhos. Piscou de novo e viu que Rosquinha estava sentado ao seu lado.

— Sabe de uma coisa, lindão? — perguntou Maya, falando com o gato. — Depois de todas essas rejeições, nunca mais queria olhar este livro de novo, mas, na verdade, eu gostei dele. Na verdade, adorei.

Mas no momento em que falou, Maya sentiu uma faísca de dúvida. Quem era ela para achar que tinha mérito? Afinal, era a autora e, certamente, tinha um vínculo com o livro. Trinta agentes e editores, todos mestres no assunto, dificilmente estavam errados.

— Bem — Maya suspirou. —, não importa o que eu sinto, porque não muda nada. Se o resto do mundo acha que meu livro é ruim, é só isso que importa.

O coração de Maya se apertou. Doeu pensar que seus sonhos não tinham dado em nada, e resignar-se a isso não fez com que se sentisse nem um pouco melhor.

Então, um raio de luz atravessou a escuridão. Maya percebeu que passara duas horas sem pensar em Jake. E então percebeu que, mesmo se o resto do mundo não se importasse com sua criatividade, ela se importava.

Quando voltou para a cama, não conseguiu dormir. Mas não estava pensando em Jake nem em chocolate; estava pensando no seu livro.

Por volta das cinco da manhã, Maya se levantou de novo e foi até o sofá, onde Rosquinha estava sentado, em cima de seu manuscrito.

— Você sabe o quanto isso é importante para mim, não sabe? — perguntou Maya, levantando o gato e pegando o livro. — Às vezes eu acho que você gosta mais de mim do que eu mesma.

Maya voltou para cama, colocou o manuscrito embaixo do travesseiro e dormiu profundamente até de manhã.

A maioria das pessoas desiste quando a vida fica difícil, mas é exatamente nesse momento que você precisa dar a ela tudo que tem. Você acha que levou um tombo, então está na hora de se levantar de novo.

Na noite seguinte, Maya trancou as portas do café e pegou um ônibus para a casa de Sophie. Não tinha ligado para marcar hora nem para ver se ela estaria em casa. Desesperada para fazer uma pergunta à médium, Maya simplesmente rezou para que ela estivesse lá.

Conforme se aproximava de seu destino, não sabia como juntar a coragem para bater na porta, mas sabia que precisava. Passara o último ano abrindo mão de si mesma, e estava na hora de parar. Se realmente quisesse viver a vida, em vez de simplesmente sobreviver, não podia mais ceder aos medos.

Maya virou a esquina da rua de Sophie e olhou para a casa, esperando ver a placa roxa. Mas não havia nada no lugar. Parou na calçada, chocada e decepcionada. Não esperava por isso.

Então, se controlou. Este não era o momento de deixar os pensamentos negativos se intrometerem. Foi até a porta, respirou fundo para juntar coragem e bateu.

Quando já estava prestes a ir embora, a porta se abriu. Virou-se e viu um homem ali parado.

— Oi, desculpe incomodá-lo — disse Maya. — Estou procurando Sophie.

O homem devia ser uns vinte anos mais velho do que Maya, alto e bonito, com olhos generosos e galanteadores.

— Você não me incomodou de forma alguma.

— Que bom — disse Maya. — Ela está?

— Ela foi embora um ano atrás; agora mora no Arizona.

Maya ficou tão chocada que não conseguiu nem falar.

— Comprei a casa. — Ele sorriu. — Fiz um excelente negócio.

— Ah.

— Posso ajudá-la?

— Não, obrigada, estou bem.

— Ok. Tenha um bom dia.

Maya fitou os olhos verdes do homem. Por um momento, fizeram com que se lembrasse de Rose.

— Obrigada — disse Maya. — O senhor também.

Maya se sentou num banco do outro lado da rua. Olhava para a casa de Sophie, não suportando a decepção, sem nenhuma pista do que fazer agora. Ficou ali sentada, esperando que uma ideia melhor aparecesse.

♥

Uma hora depois, a porta da frente se abriu e o homem saiu. Maya levantou o olhar, pensando mais uma vez em como ele era bonito. Depois, lembrou-se de Jake. Feliz, percebeu que isso agora a fazia sorrir, e não chorar.

Observou-o atravessar a rua, até que se deu conta de que ele vinha na sua direção. De repente, ficou nervosa. Pensou em levantar-se e ir embora antes que ele chegasse. Mas já era tarde demais. Ele parou à sua frente.

— Oi — disse ele. — Sou Bill.

— Oi — disse Maya, um pouco nervosa.

— Eu a vi pela janela. Parecia um pouco perdida. Vim ver se está bem.

— Ah, sim, está tudo bem — respondeu Maya.

— Você era cliente de Sophie?

— Não exatamente.

— Bem, talvez eu possa ajudá-la.

— Por quê? É médium?

— Não, mas costumo ajudar as pessoas de vez em quando.

— Ah, não preciso de ajuda — disse Maya.

Bill levantou uma sobrancelha questionadora. Então Maya se lembrou de que a resistência não trazia nada de bom. Afinal, ela quase perdera as incríveis experiências com Rose e Sophie por conta disso.

— Bom, eu acho que preciso sim — admitiu Maya. — E se você sabe alguma coisa sobre como consertar vidas, então eu certamente preciso de um conselho seu.

Bill se sentou e sorriu.

— Continue, por favor.

— Tem certeza? Porque estou uma bagunça neste momento.

— Acho que posso lidar com isso.

— Tudo bem, então, já que você está se oferecendo a ajudar — Maya abriu um sorriso. — Terminei com meu namorado recentemente, mas agora estou melhor com relação a isso. Eu tenho uma confeitaria, consigo pagar minhas contas, mas o que eu quero mesmo é ser escritora. Ah, e eu engordei pelo menos dez quilos nos últimos três meses.

— Entendo.

— E estou com medo porque não sei como mudar nada disso.

— Sei — murmurou Bill.

— O quê?

— Parece que você se perdeu ao tentar encontrar a felicidade em coisas externas.

Maya suspirou conforme digeria a verdade. Então, sorriu.

— Tem certeza de que não é médium? Porque você fala igualzinho a Sophie.

— É mesmo? — perguntou Bill. — O que ela lhe disse?

— Ela me disse para acreditar em mim mesma e ser ousada — disse Maya. — E eu fui. Fechei a cafeteria por um mês e escrevi um livro. Tentei publicá-lo, mas fracassei.

— Fracassou?

— Não consegui me tornar escritora.

— Mesmo? — questionou Bill. — Você está prestes a morrer?

— O quê? Não! Por que está me perguntando isso?

— Você não pode dizer que fracassou até que esteja à beira da morte — disse Bill. — Ou até que tenha tentado absolutamente de tudo; e você não tentou *tudo* e nem está morrendo. Portanto, você pode ter desistido, mas certamente não fracassou.

Maya não pôde deixar de rir do raciocínio aparentemente absurdo dele.

— Então, como não estou morta ainda — Maya sorriu —, o que você acha que devo fazer?

Bill refletiu por um momento.

— Seja mais ousada.

— Como?

— Você deveria ser mais ousada. Quando a vida não acontece do jeito que queremos, não é um sinal para desistirmos, e sim para sermos mais ousados.

— Sério?

— Claro. Não tentando as mesmas coisas repetidas vezes; mas fazendo alguma coisa radical, algo corajoso, inovador.

— Tem certeza? — perguntou Maya, franzindo a testa. — Isso me parece um tanto louco.

— Sei que a maioria das pessoas desiste quando a vida fica difícil, mas é exatamente nesse momento que você precisa dar a ela tudo que tem. Você acha que levou um tombo, então está na hora de se levantar de novo.

— Mas por quê? — perguntou Maya. — Por que é tão difícil?

— Bem, eu tenho uma teoria sobre isso.

— Qual?

— Eu acho que todos nascemos com um objetivo. Algo que realmente desejamos, uma fonte de puro prazer.

— Para mim, é escrever.

— Exatamente. E esse objetivo, escrever uma obra que inspire as pessoas, é a recompensa que vai te motivar durante toda a vida. É o que lhe dá coragem para enfrentar os desafios que vão torná-la uma exuberante inspiração para os outros. E é por isso que é difícil. Porque se fosse fácil, o que você teria para ensinar aos outros? Que tipo de inspiração seria?

— Ah — refletiu Maya. — Eu concordo. E quais seriam esses desafios?

— Qualquer coisa que precise fazer para conquistar esse objetivo.

— Poderia ser um pouco mais específico? — perguntou Maya, abrindo o que esperava ser um sorriso convincente.

— Bem, eu geralmente acho que esses desafios, essas lições para a alma, são as coisas que achamos mais difíceis de fazer. As coisas que faríamos de tudo para evitar, se pudéssemos.

— Meu Deus, que coisas são essas?

— Não sei exatamente — admitiu Bill. — Mas eu sempre achei que a razão está no fato de que nascemos para sermos seres completos. Então, se estamos evitando alguma coisa, é exatamente essa coisa que precisamos enfrentar.

— Ah — disse Maya. — Acho que estou entendendo.

— Suponho que a sua maior lição seja a coragem. Acho que precisa adotar uma postura totalmente corajosa. E quando realmente fizer isso, atingirá seu objetivo.

Maya suspirou. Parecia que, por mais que tentasse evitar, por mais fundo que enterrasse a cabeça na areia, não havia como escapar desse desafio em particular.

— E quando você enfrentar seus desafios e triunfar — continuou Bill —, será recompensada com a vida que tanto deseja.

Mais uma vez, Maya concordou. Embora não quisesse admitir, sabia que ele tinha razão.

— Você foi corajosa quando tirou um mês de folga para escrever seu livro — disse Bill. — Aposto que estava com medo, mas aposto também que se sentiu fantástica depois, não foi?

— Nunca me senti tão bem em toda a minha vida.

— Maravilha. — Bill sorriu. — Mas se um editor tivesse simplesmente aceitado publicar seu livro, você não precisaria de mais coragem, precisaria?

— Acho que não — admitiu Maya.

— Então, parece que você ainda não triunfou sobre esse desafio em particular. Precisa continuar enfrentando a vida até não precisar mais ser corajosa — disse Bill. — Acredito que vai acabar encontrando a felicidade quando for a pessoa mais corajosa e fantástica que puder ser.

— Mesmo? — Maya sorriu. — E como posso fazer isso?

— Bem, poderia começar com uma pequena visualização — sugeriu Bill. — Imagine que é uma mulher realmente magnífica, não uma vítima, não alguém presa por limites e medos, mas alguém que se agarra à vida e vive intensamente.

— Isso parece maravilhoso. — Maya sorriu.

— E o que essa mulher faria?

— Não tenho certeza — respondeu Maya, perplexa.

— Que tal publicar seu livro você mesma?

Maya riu, até perceber que Bill estava falando sério.

— Não posso fazer isso.

— Por que não?

— Bem, primeiro porque não tenho dinheiro. E, segundo, porque o livro obviamente não merece ser publicado. Caso contrário, alguma editora teria entrado em contato comigo.

— Será que isso é verdade?

— Claro que sim. Eu acho que sim. Não sei.

— Exatamente. — Bill sorriu. — Então, está na hora de dar outro passo corajoso para começar a se tornar a mulher magnífica que nasceu para ser.

— Você realmente acredita nisso?

Maya olhou para ele incrédula, desconfiada. Bill correspondeu seu olhar, sem piscar.

— Sem a menor sombra de dúvida.

Se essa felicidade era de fato possível, se só precisasse de coragem para despertá-la, então não poderia voltar a ter uma vida infeliz.

Naquela noite, Maya sentou no balcão do seu café com o manuscrito nas mãos. Sabia que havia uma coisa que poderia fazer se realmente quisesse. Como Bill dissera, era apenas uma questão de acreditar em si mesma e ser ousada.

Vender o Café Cacau era uma ideia que nunca havia passado pela cabeça de Maya antes. Muitas vezes pensara em desistir e contratar alguém para gerenciar a loja, mas dessa forma levaria anos para quitar todas as dívidas. Também tinha uma ligação com o sonho de sua mãe e não queria decepcioná-la. Mas, acima de tudo, nunca soubera o que faria com o seu tempo se não tivesse que administrar a confeitaria. Sem um diploma, as portas do mundo não estavam totalmente abertas para ela, e toda vez que pensava em voltar para a faculdade, o medo de fracassar a impedia.

Agora, Maya refletia sobre o que poderia estar prestes a fazer, e o medo a dominou de novo. Pelo menos, as outras ideias eram sensatas. Voltar para a faculdade não era garantia de uma vida completa, mas provavelmente seria a promessa de estabilidade. A ideia de vender a loja, que estava mergulhada em dívidas, para publicar o próprio livro, rejeitado por todos os agentes e editores para quem enviou, a assustava demais. Era uma proposta louca. Se não desse certo, não teria mais nada.

Acabou pegando no sono, exausta depois de todos esses pensamentos negativos, com o manuscrito servindo de travesseiro em cima da mesa.

♥

Horas depois, Maya acordou, piscando por conta da suave claridade. Por um momento, se esqueceu dos pensamentos da noite anterior. Então, sentiu um frio na barriga. Mas, ao mesmo tempo, ficou animada pela possibilidade de finalmente fazer alguma coisa muito corajosa, alguma coisa que faria com que merecesse o respeito e a admiração de si própria.

De repente, se esquecendo do medo, Maya sorriu. Sentia-se maravilhosamente feliz, com três metros de altura e pronta para qualquer coisa. Era exatamente como se sentira um ano atrás, quando fechara a confeitaria para escrever o livro.

Foi quando percebeu que, se essa felicidade era de fato possível, se só precisasse de coragem para despertá-la, então não poderia voltar a ter uma vida infeliz. Sabendo que tinha uma opção, seria trágico demais escolher a infelicidade.

Antes que tivesse tempo de acordar e deixar os pensamentos racionais assumirem o controle, Maya subiu correndo as escadas para seu apartamento. Na mesa da cozinha, fez uma placa com as palavras *À Venda*, desceu correndo e pendurou-a na porta da cafeteria. Em seguida, se preparou para abrir as portas.

♥

Era isso que Maya buscava toda vez que comia uma fatia de bolo: um pedacinho de felicidade.

Sentada atrás do balcão, servindo café e bolos para as pessoas, Maya não conseguia acreditar no que fizera. Seus fregueses fiéis ficaram chocados com a notícia, tristes por perderem seus doces preferidos e as generosas raspas de chocolate no cappuccino.

Várias vezes ao longo do dia, Maya resistiu à vontade de correr até a porta e tirar a placa. Para se distrair, e não comer, começou a pesquisar sobre como poderia publicar seu livro sozinha. Sentou-se atrás do balcão com o laptop e investigou as diversas possibilidades.

Certamente não era barato, mas já previra isso. E como não fazia ideia de quanto dinheiro arrecadaria com a venda da confeitaria, principalmente porque estava cheia de dívidas e não era o melhor investimento do mundo, esperava que fosse o suficiente para cobrir os gastos. Mas não fazia a menor ideia do que faria depois disso, sem dinheiro e com uma enorme pilha de livros encalhados.

Então lembrou-se do que Bill dissera, sobre seus desafios, sobre a coragem, sobre a possibilidade de ser uma mulher magnífica. E, neste momento, essas coisas pareciam mais importantes do que dinheiro, garantias ou qualquer outra coisa.

Conforme o dia passava, Maya percebeu que não estava apenas ignorando chocolate por causa da náusea causada pelo medo, mas porque realmente não estava com tanta vontade de comê-lo.

Foi então que, olhando para os biscoitos de baunilha com morango, de chocolate com amêndoas e as bombas de café, Maya percebeu que eles não tinham o menor controle sobre ela e nunca tiveram.

Seu desejo irresistível por eles não era por causa de seus recheios doces, sua leveza ou suas coberturas cremosas. Mas devido à sua ânsia por uma vida melhor: uma vida tão magnífica que mal poderia respirar. Era isso que Maya buscava toda vez que comia uma fatia de bolo: um pedacinho de felicidade.

Mas, claro, o fugaz prazer da comida era um substituto muito fraco para o prazer infinito de viver uma vida maravilhosa. E o mesmo valia para dinheiro e romance. Como parte de uma vida realmente linda, eles seriam ótimos, mas não serviam como substitutos para uma vida plena.

Naquele momento, Maya percebeu que quando vivia essa vida plena — quando escreveu seu livro, quando decidiu vender a loja — não ligava a mínima para biscoitos. De repente, eles se apagavam e se tornavam parte da decoração da vida, como qualquer outra coisa. A ideia de passar o dia todo pensando neles, e tentando resistir a eles, agora lhe parecia absurda. Maya sentou-se atrás do balcão e sorriu ao lembrar de quanto poder dera a esses desejos ilusórios, esquecendo-se de seus sonhos.

Quando eram quase seis horas da tarde, Maya encontrou a editora certa para publicar seu livro. Desligou o laptop com um sorriso e foi até a porta para fechar a cafeteria. Ao virar a placa, viu que Tim estava passando. Acenou, mas ele não a viu, então abriu a porta.

— Ei!

Tim levantou a cabeça, sorrindo. Maya prendeu a respiração. Não o via há mais de um ano e se esquecera de como era bonito. Ou, talvez, com seu foco exclusivo em Jake, nunca percebera a beleza de Tim.

— Você está aí. Está viva! — exclamou Tim. — Como vão as coisas? Por onde tem andado?

— Eu... eu... — gaguejou Maya, não querendo explicar. — Estava fazendo uma dieta de filmes.

— Senti saudades de você, e de seus bolos. — Tim sorriu.

Maya sentiu-se, de repente, tomada pelo desejo de beijá-lo. Após vários meses tentando convencer Jake a desejá-la, era um alívio estar com alguém que realmente gostasse dela.

— Também senti sua falta.

Então Tim viu a placa.

— Vai vender o Café Cacau? Não acredito. Por quê?

Maya deu de ombros, constrangida demais para explicar seu plano.

— Eu... ahn... acho que está na hora.

— Quanto está pedindo?

Maya deu de ombros de novo, incapaz de se concentrar em finanças quando sua vontade era dar um beijo nele.

— Eu não sei exatamente. Não muito. Acho que vou esperar para ver quanto as pessoas oferecem.

— Tome cuidado para não passarem a perna em você.

— Ah, não vale muito. É só o nome e a reputação. Ainda tem dívidas...

— A venda inclui o apartamento?

— Não, vou alugar. Por quê?

— Ah. — Tim refletiu. — Ok, que tal 100 mil? Posso lhe dar dez agora, e o resto em seis meses. O que acha?

— Está brincando comigo?

— Claro que não — disse Tim. — Estou falando sério. Esta loja seria perfeita para outra locadora. Os negócios foram ótimos no ano passado, então agora estamos expandindo.

— Você está expandindo? — Maya estava confusa. — Achei que só trabalhasse lá.

— Não, eu sou o dono. Bem, nós somos. — Tim levantou a mão esquerda para mostrar sua aliança. — Minha esposa também investiu na locadora.

Maya se segurou na porta para não cair.

— Es... esposa? — gaguejou Maya. — Você é casado?

— Sim, há três meses.

— Ah, nossa, isso é... maravilhoso. E, como vocês se conheceram?

— Ela era cliente. — Tim sorriu. — Sempre aparecia, e começamos a conversar. E, então, nos apaixonamos.

— Uau, isso é... maravilhoso — disse Maya de novo, querendo se enfiar num buraco e chorar.

— Vicky é encantadora. — Tim sorriu. — E gosta de filmes de ficção científica, que foi a base para o nosso amor. Nunca consegui te convencer do charme de *Star Wars*, não é?

Maya balançou a cabeça, tentando sorrir.

— De qualquer forma, o que acha da minha oferta?

Maya não conseguia pensar em nada, então apenas assentiu. Sua única vontade era pegar o dinheiro e fugir. Precisava sair: da confeitaria, da cidade, do país.

Sentiu uma vontade repentina de seguir Sophie até o Arizona, para recomeçar do zero, para ser uma mulher magnífica, sem lembranças da vida anterior.

— Sim, é... é uma ótima oferta — Maya conseguiu dizer, —, mas como ainda tenho uma dívida de 80 mil, não é realmente...

— Ah — Tim pensou. — Bem, então, se eu assumir as dívidas, isso deixa você com 20 mil. Que tal?

Maya assentiu, incapaz de absorver tudo aquilo.

Tudo estava acontecendo rápido demais. Imaginara que fosse levar meses até receber uma oferta, e ainda mais tempo até colocar as mãos no dinheiro, considerando seu histórico de voltar atrás no último minuto.

Mas aqui estava ela, prestes a fazer um acordo verbal. Era como se não pudesse mais estragar as coisas depois que tomasse a decisão.

♥

Depois de discutirem os detalhes do acordo, Tim foi embora, levando uma caixa de bombas de café, biscoitos de jasmim e brownies de chocolate com aveia. Maya se sentou. Não podia acreditar no que acabara de fazer, nem que Tim estava casado.

Foi terrível perceber que, mais uma vez, se deparava com o seu vício por homens indisponíveis. Primeiro Jake, agora Tim, que só se tornara interessante aos seus olhos depois que perdeu o interesse por ela. Perguntou-se o que havia de errado consigo mesma.

Então, de repente se lembrando da conclusão a que chegara sobre chocolate, Maya percebeu que não havia nada de errado. Tivera medo de vender a confeitaria e publicar o livro e, por um momento ou dois, havia se distraído com a promessa de um romance.

Soltou um suspiro de alívio. Se mergulhasse em um relacionamento com Tim, faria a mesma coisa que fizera com Jake. Ela o usaria, como usara bolos, para evitar fazer uma coisa brilhantemente assustadora que pudesse realizar os verdadeiros desejos de seu coração. Assim como parara de escrever e começara a viver através de Jake, desistiria de publicar o livro e começaria a viver através de Tim. Porque, por mais doloroso que fosse se perder em um relacionamento, era obviamente muito mais seguro do que sair pelo mundo, assumindo riscos na busca de seus sonhos.

Maya riu, então, ao compreender qual era realmente seu vício. Tentara usar homens como salva-vidas. Em vez de encontrar sua alma gêmea — alguém que lhe daria força para levantar voo, que seria seu parceiro em uma vida magnífica —, ela os usara como obstáculos inconscientes, substitutos de uma vida corajosa.

Mas um homem não substituía uma vida. Não é um *pit stop* onde você estaciona o carro por tempo demais porque está com medo de se expressar completamente. Agora Maya entendia. Sabia que, se fosse para encontrar uma alma gêmea para acompanhá-la em sua jornada, precisava começar a trilhar o caminho sozinha.

♥

Um mês depois desse encontro, Maya se viu diante de uma confeitaria vazia. Tudo tinha ido embora: o balcão, a máquina de café, as mesas, as cadeiras e todos os bolos.

Pensou em sua mãe. Sentiu uma onda de tristeza. Sabia que Lily sempre quisera que fosse feliz. Não ficou com a loja apenas por respeito à sua mãe, mas por causa de seus próprios medos. Maya sorriu, então, percebendo que, ao vender o café, não sentia mais o peso de uma vida inteira de medo. Finalmente estava livre.

No andar de cima, o apartamento também estava vazio. Vendera tudo. Só lhe restavam mil exemplares de seu livro. Quando a gráfica lhe perguntou quantos exemplares iria imprimir, chegara a esse número. Viera de seu coração, e embora parecesse uma loucura total, também parecia certo. Bill lhe dissera para ser mais ousada, então aqui estava ela sendo mais ousada. E era uma sensação maravilhosa.

Maya trancou a porta da cafeteria pela última vez, mandou um beijo de adeus para a mãe e atravessou a rua sem olhar para trás. Conforme se afastava, Maya compreendeu que passou anos demais com a sensação de estar aprisionada. O Café Cacau acabou realmente sendo uma dádiva, permitindo que seguisse uma nova direção na vida. Entretanto, antes de deixar a Inglaterra, tinha algo importante a fazer.

Sei que parece loucura, mas acho que já estava mais do que na hora de fazer alguma coisa ousada na minha vida.

Faith abriu a porta e deu de cara com Maya, sem conseguir esconder o choque. Então, sorriu, abraçou a prima e convidou-a para entrar.

Momentos depois, constrangida, Maya estava sentada no sofá, sem saber o que dizer. Não falava com Faith há mais de seis meses e não sabia como começar a explicar tudo para a prima. Sua mente estava a mil, uma ideia atropelando a outra, sem conseguir chegar a uma conclusão.

— Eu... eu sinto muito, muito mesmo — disse finalmente, contendo as lágrimas.

— Tudo bem — disse Faith. — Eu sei o que aconteceu.

— Sabe?

— Jake.

Maya assentiu.

— Mas a culpa não foi dele — disse Maya. — Eu fiz exatamente o que você disse para eu não fazer. Abri mão de mim mesma e ele passou a ser tudo na minha vida. E ele fugiu de mim.

— Quando você parou de ligar, presumi que...

— Eu sinto muitíssimo.

— Não precisa se desculpar, querida, eu entendo.

Maya abriu um sorriso agradecido. Uma das coisas que tanto amava em Faith era sua capacidade de perdoar e aceitar as pessoas. Não tinha uma visão egoísta da vida; não exigia que as outras pessoas mudassem para se adequarem às suas necessidades e desejos. Simplesmente, deixava que fossem elas mesmas. E isso fazia com que as pessoas, e a própria Faith, vivessem felizes e tranquilas.

— Obrigada — disse Maya, pensando na grande lição de esclarecimento proporcionada por sua prima. — Obrigada.

— Então, como você está?

— Muito bem, para falar a verdade.

— Isso é fantástico — disse Faith, realmente feliz, sem nenhum rancor.

— Vou para os Estados Unidos.

— É sério? — perguntou Faith, com os olhos arregalados. — Que ótimo! Para passar férias, descansar...?

— Vou para lá vender o meu livro.

— O seu livro?

— É, eu mesma o publiquei. Vendi a loja, encomendei mil exemplares e agora vou tentar vendê-los nos Estados Unidos. Sei que parece loucura, mas acho que já estava mais do que na hora de fazer alguma coisa ousada na minha vida.

— Não é loucura — disse Faith. — É fantástico!

Maya sorriu.

— Sabia que você compreenderia.

— Posso tomar conta de Rosquinha enquanto você estiver fora?

— Seria ótimo. Mas...

— O quê?

— Estou com uma sensação estranha.

— Qual?

— De que não volto mais.

— Sério? — Faith sorriu. — Não sabia que tinha esse tipo de intuição.

— Não tenho. Não sei porque estou sentindo isso, mas estou.

— Talvez seja porque finalmente está vivendo a sua vida de verdade — disse Faith. — Você entrou na vibração universal e agora pode ficar em sintonia com as forças cósmicas.

— Essa é uma das muitas coisas que amo em você, Faith. — Maya riu. — Você não tem medo de ser meio maluquinha.

Faith riu também, nem um pouco ofendida.

— Na verdade, eu mesma também ando meio maluquinha ultimamente — admitiu Maya. — E nunca fui tão feliz em toda a minha vida.

— Bem, descobri que quanto mais vivemos verdadeiramente com a gente mesma, mais somos felizes — disse Faith. — E, na opinião dos outros, mais malucas.

Maya, de repente, se sentiu inundada de amor pela prima, que a aceitava de forma tão incondicional. Virou-se para ela e a abraçou. Quando finalmente se soltaram, Faith beijou seu rosto.

— Estou muito orgulhosa de você, May.

— É. — Maya sorriu. — Também estou orgulhosa de mim.

Para os hindus, o véu de Maya é o que cobre os nossos olhos quando vemos o mundo através da mente: com todos os julgamentos, críticas, medos e dúvidas. Mas o mundo além do véu de Maya é um mundo no qual sentimos as coisas através do coração. Quando o véu cai dos nossos olhos, vemos a luz.

Maya se acomodou na poltrona do avião. Cem livros estavam junto com as malas no bagageiro do avião e o resto viria em seguida, de navio. Só tinha sobrado algumas milhares de libras na conta bancária, mas ela sorriu. De longe, esta era a coisa mais louca que já fizera na vida, e estava amando cada minuto.

Olhou para o senhor sentado ao seu lado. Ele chamou sua atenção várias vezes ao longo do voo e ela estava curiosa para conversar com ele. Como agora era uma mulher corajosa, percebeu que isso não seria um problema.

— Então... — Maya virou-se para ele alegremente — o senhor mora em Nova York? Ou está indo de férias?

O homem olhou para ela.

— Minha nossa — disse ele. — Que prazer uma moça bonita puxar papo com um velho como eu.

Maya sorriu.

— Sou Thomas.

— Maya.

— Mesmo? — perguntou ele, pensativo. — Você sabe o verdadeiro significado do seu nome?

Maya balançou a cabeça.

— Para os hindus, o véu de Maya é o que cobre os nossos olhos quando vemos o mundo através da mente: com todos os julgamentos, críticas, medos e dúvidas. Mas o mundo além do véu de Maya é um mundo no qual sentimos as coisas através do coração. Quando o véu cai dos nossos olhos, vemos a luz. Até aquele momento, éramos cegos.

Maya arregalou os olhos. Isso explicava muita coisa.

— Não acredito que nunca me contaram isso — disse ela. — Mas não me surpreende nem um pouco. Passei a maior parte da minha vida cega.

Thomas deu um tapinha afetuoso da mão dela.

— A maioria de nós, querida, a maioria de nós.

— Mas agora não estou mais cega — disse Maya, orgulhosamente. — Agora não.

— É mesmo?

— Estou indo para Nova York para vender o meu livro.

Era a primeira vez que dizia isso a um estranho, e o fez com tanta autoconfiança que se sentiu uma pessoa diferente. Talvez não fosse mais Maya, pelo menos não a Maya que sempre conhecera.

— Nossa, isso é maravilhoso. Foi um grande sucesso na Inglaterra?

— Não — admitiu Maya. — Não o vendi lá. Eu mesma o publiquei. Mas é um tipo de livro espiritual, sobre a minha jornada saindo do ceticismo e da amargura até encontrar autoconfiança e felicidade. E acho que os ingleses não são tão receptivos quanto os americanos. Então, achei melhor começar pelos Estados Unidos.

— Muito corajoso de sua parte. Estou muito impressionado.

— Obrigada. — Maya sorriu, emocionada. Sentir-se corajosa era muito diferente de se sentir uma bagunça patética. — Mas eu nunca teria feito isso sozinha. Recebi muita ajuda e apoio.

— Isso não importa — disse Thomas. — Ninguém consegue nada sozinho. Suponho que não deva ser assim.

— Até a uma médium fui uma vez — admitiu Maya.

— Ah, já fiz coisas muito mais loucas na minha longa vida, pode acreditar.

— Mesmo? — Maya estava intrigada. — Bem, na verdade, a minha médium era maravilhosa. Não fez previsões sobre meu futuro, mas falou sobre o meu espírito, sobre como seguir o meu caminho na vida. Ela me disse para ser ousada.

— A-há! Bem, esse é um ótimo conselho.

— Foi mesmo. Muito difícil, mas ótimo. E eu já estava prestes a abrir mão de tudo quando conheci um homem chamado Bill, que me disse para ser ainda mais ousada.

— Ah, entendo — disse Thomas. — Não é incrível como a vida funciona maravilhosamente bem quando seguimos os nossos sentimentos, quando escutamos o nosso coração em vez de nossa cabeça?

— Eu não tenho certeza — disse Maya. — Acho que só tive sorte. Eu não estava realmente seguindo meus sentimentos. Estava estagnada e com medo.

— Talvez. Ou talvez fosse só impressão sua.

Maya pensou nisso.

— Qual é a diferença?

— Seus pensamentos sobre você mesma, sua vida, sobre qualquer coisa, na verdade, nem sempre são reais. Nem sempre estão relacionados aos verdadeiros fatos. Na verdade, geralmente não estão.

— Mesmo? — perguntou Maya, intrigada.

— Ah, sim. — Thomas sorriu. — Por exemplo, você pode pensar "Estou entediada". Ou "Estou estagnada, não sei o que fazer agora, estou com medo". Mas não está. Você escuta isso na sua cabeça, então, claro, acredita. E age de acordo com sua impressão, e isso acaba se tornando realidade para você. Assim, acaba se tornando verdadeiro, mesmo que não seja.

Maya observou o senhor ao seu lado e, por um momento, o tempo parecia ter parado. Isso nunca acontecera com Maya antes. Sempre acreditara que seus pensamentos sobre si mesma fossem reais. Mas talvez não fossem. Talvez pensamentos não fossem nada mais do que apenas... pensamentos.

— Então, como posso saber se estou tendo um pensamento real ou não?

— Os pensamentos reais são totalmente neutros, sem nenhum julgamento — explicou Thomas. — Eles reconhecem uma coisa e, então, passam. Mas se estiverem desencadeando emoções em você, principalmente medo e sofrimento, garanto que não são reais.

— E se não são reais, de onde vêm? — perguntou Maya.

— Ah, de qualquer lugar, de todos os lugares. Não importa. Nossa mente é uma esponja. Absorve tudo o que você já escutou, reciclando novas e velhas ideias. Um milhão de crenças, julgamentos, críticas, ideias, todos rodando em círculos... como um rádio louco que um dia, se você tiver sorte, vai se desligar para você se libertar.

— E aí eu vou parar de pensar?

Thomas sorriu.

— Apenas em casos raros. Talvez se você passar o resto da sua vida em cima de uma montanha. Para o resto de nós, os pensamentos nunca param, mas nós podemos deixar de escutar. Podemos deixar de acreditar neles. Esse é o segredo.

— Isso é maravilhoso. — Maya sorriu. — Absolutamente maravilhoso.

Agora, sob a luz do que acabara de descobrir, Maya viu que não estivera estagnada, com medo. Foi apenas uma impressão. Foi apenas mais um pensamento medroso e crítico que a mantinha amarrada à sua vida, nada mais. Foi quando Maya percebeu que não havia nada de errado com ela.

♥

— Então — disse Thomas —, se algum dia acreditar que está estagnada de novo, ignore esses pensamentos; tome consciência de seus sentimentos e siga-os. Isso sempre funciona comigo.

Maya sorriu. Parecia que, quando se abria o suficiente para se conectar às pessoas, sempre aprendia algo de novo. E sabia que, com oito bilhões de pessoas no mundo, essa ajuda estava sempre disponível. Só precisava ser corajosa o suficiente para pedir. Maya percebeu então que, de todos os estranhos que se aproximaram dela com algum conselho, Thomas foi o primeiro com quem ela teve iniciativa.

— Obrigada. Muito obrigada mesmo — disse ela, apertando a mão do senhor e dando-lhe um beijo no rosto em agradecimento.

As palavras de Rose finalmente se concretizaram. A sabedoria encontrou a experiência, e o terceiro pilar para que Maya tivesse uma vida incrível tinha sido colocado no lugar. Compaixão. Coragem. E, agora, conexão.

♥

Não tinha certeza se era a luz ou o café ou porque sempre amou essa música, mas, naquele momento, sentiu que tinha recebido um sinal.

Maya irradiava alegria quando aterrissaram em Nova York. Ela ajudou Thomas a sair do avião, encontrou a bagagem dos dois, sorriu para os funcionários da alfândega e, então, pegou um ônibus para Manhattan.

Quando conseguiu ver a cidade no horizonte, precisou se segurar para não bater palmas e gritar de alegria. Colou o nariz na janela, olhando para fora sem piscar, até que o ônibus entrou no túnel Lincoln. Quando saiu da estação e viu o primeiro táxi amarelo, não conseguiu mais se conter. Jogou as malas no chão e pulou de alegria.

Naquela noite, como um ato de fé e comemoração, Maya ficou em um hotel elegante e pediu para servirem o jantar no quarto. E quando se aninhou nos lençóis de seda, soltou um suspiro de alívio, fechou os olhos, o corpo formigando com a emoção especial que só vem quando corremos atrás de nossos sonhos.

Uma semana depois, Maya não estava tendo muita sorte. Nenhuma das grandes livrarias aceitou seu livro, pois só negociavam com editoras. Maya ficou um tanto desanimada com isso e sentiu pena de si mesma. Depois do terceiro dia e da décima terceira rejeição, começou a achar que o mundo era culpado, que era um lugar duro, difícil e que não perdoava.

Infelizmente, esqueceu-se por um momento do que Thomas disse sobre não acreditar em *todos* os seus pensamentos. Se tivesse se lembrado disso e sido honesta sobre a qualidade de seus esforços, saberia que não estava cumprindo muito bem a sua parte. Completamente sozinha na cidade grande e dominada pelo medo, aceitou facilmente as rejeições e não fez tudo o que podia para se promover com animação.

♥

No final da segunda semana, já fora a todas as livrarias que conseguira encontrar em Manhattan e não sabia mais o que fazer. Das 33 livrarias que visitara, apenas quatro aceitaram ficar com algum livro seu. Com uma baixa proporção de sucesso, Maya não conseguia encarar a ideia de seguir para o Brooklyn e outros distritos e implorar. Na verdade, estava praticamente pronta para desistir, empacotar tudo e voltar para casa.

Mas depois de tudo que tinha passado, não podia voltar, precisava seguir em frente. Seguindo o conselho de Thomas, parou na porta de uma loja fechada na Amsterdam Avenue e tentou sintonizar seus pensamentos com suas emoções, para ver qual deveria ser o próximo passo. Mas, após um tempo, ainda não tinha recebido nenhuma mensagem particularmente forte. Seu coração estava quieto, apenas sugerindo que ela relaxasse um pouco e desistisse de tentar vender livros naquele dia.

Então, seguiu para o centro da cidade, caminhando para onde sua vontade a levasse, e acabou em West Village, perto de uma bonita cafeteria com mesas na calçada em uma rua encantadora, cheia de lojas lindas.

Sentou-se do lado de fora e pediu um café e um croissant de chocolate, em homenagem aos velhos tempos. Uma hora depois, o croissant permanecia intocado, e Maya observava o sol desaparecer no horizonte. Conforme absorvia os sons e o movimento da rua, começou a relaxar completamente, todas as suas recentes decepções perdendo a importância sob a suave luz.

Finalmente, olhou para cima e viu longos raios de sol atravessarem os galhos das árvores, e uma música surgiu em sua cabeça: "*If you're going to San Francisco, be sure to wear some flowers in your hair...*"*

Maya endireitou-se na cadeira. Não tinha certeza se era a luz ou o café ou porque sempre amou essa música, mas, naquele momento, sentiu que tinha recebido um sinal.

São Francisco seria perfeito. Afinal, era a Meca espiritual dos Estados Unidos. Todo mundo sabia que esotéricos de todos os tipos migravam para lá, enquanto os nova-iorquinos costumavam ser mais céticos. E, como deixara seu país porque achava que seu livro não sobreviveria ao cinismo inglês, não havia por que continuar ali.

No dia seguinte, Maya e seus livros embarcaram em um ônibus com rumo ao oeste. Em 72 horas, estaria lá.

---

* *Se você for a São Francisco, não se esqueça de colocar algumas flores no cabelo.* (N. da T.)

Havia um homem sentado no balcão, absorto em um livro. Maya o observou por alguns segundos, pensando que talvez não fosse um bom lugar para tentar vender seus livros. Então, quando estava prestes a virar para ir embora, ele levantou a cabeça. Maya prendeu a respiração. Ali estava o homem mais lindo que já vira em toda a sua vida.

Quando Maya saiu do ônibus três dias depois, não estava mais tão segura de si. Tinha trocado Nova York por outra cidade onde não conhecia ninguém e não fazia ideia da melhor forma de colocar seu plano em prática. Depois de tantas horas em um ônibus, com paradas a qualquer hora do dia ou da noite, Maya estava tão exausta que só queria deitar em uma cama e chorar.

No dia seguinte, sentindo-se revigorada e renovada, empacotou dez livros, pegou um mapa da cidade e saiu para conquistar São Francisco. Com várias conversas noturnas com outros passageiros do ônibus, Maya havia juntado algumas informações sobre como começar. E sob a clara luz da manhã, estava começando a se lembrar de algumas.

Subiu no bonde em direção ao centro da cidade, que, de acordo com suas fontes, supostamente era um paraíso de receptividade, com pessoas simpáticas e ansiosas para ajudar qualquer um perdido na vida.

O bonde era muito divertido, e a velocidade e a paisagem alegraram o seu coração. Teria passeado feliz de bonde o dia inteiro, em um tour magnífico pela cidade que já estava começando a amar. Mas Maya sabia que tinha uma missão a cumprir, lições a aprender e um objetivo a alcançar. E agora não era hora de fraquejar. Então, desceu do bonde e se misturou à multidão que caminhava em direção a Haight Street.

Depois de uma hora e duas xícaras de chá de ervas, ela sentiu que estava na hora de se aventurar na rua principal, que parecia mais uma atração turística do que o coração e a alma da cidade, e nas pequenas ruas laterais em busca de uma livraria que aceitasse seu livro.

Estava começando a se acostumar com a noção de seguir seus instintos, deixando-se guiar pelo coração, e não pela cabeça, e percebeu que quanto mais praticava, mas fácil ficava. Sofria menos derrotas e deparava-se com sincronismos e felizes coincidências, como se estivesse flutuando correnteza abaixo, e não lutando contra ela.

Depois de atravessar os Estados Unidos, embora rapidamente, Maya estava desenvolvendo um senso de lugares e percebendo como cada área tinha uma vibração particular.

Ao passar pelo Arizona ao amanhecer, ficara impressionada com sua vastidão, com o silêncio das montanhas e a serenidade que as envolvia. Depois de passar a vida toda em uma pequena cidade inglesa, Maya nunca vira penhascos tão grandes de tão perto. Conforme o sol subia no céu, foi ficando cada vez mais perplexa com a magnificência que a cercava. Jurou que voltaria lá.

♥

São Francisco também era um lugar lindo: aberto, receptivo, curioso e generoso. Maya conseguia sentir tudo isso no ar e esperava que as pessoas também tivessem essas qualidades.

Depois de um tempo, Maya parou de andar. Tinha se afastado muito de seu caminho inicial e agora estava parada na porta de uma pequena loja que se autodenominava A Livraria Alternativa. Respirou fundo, abriu a porta e entrou.

Um sino tocou sobre sua cabeça, transportando-a na mesma hora de volta à confeitaria. Ao entrar, sorriu. As paredes da livraria eram cobertas do chão ao teto de livros novos e de segunda mão. O piso era de madeira, e o teto, pintado de azul-celeste com estrelas douradas. Maya entrou, vagou lentamente entre as prateleiras, passando o dedo pelo carvalho, seguindo o labirinto de caminhos cercados por livros, até um balcão que ficava nos fundos.

Havia um homem sentado no balcão, absorto em um livro. Maya o observou por alguns segundos, pensando que talvez não fosse um bom lugar para tentar vender seus livros. Então, quando estava prestes a virar para ir embora, ele levantou a cabeça. Maya prendeu a respiração. Ali estava o homem mais lindo que já vira em toda a sua vida.

Não era uma beleza masculina exagerada, com maçãs do rosto proeminentes e queixo esculpido, mas esse homem tinha profundos olhos castanhos nos quais uma mulher poderia se perder se não tivesse cuidado. Ele olhou para ela e, por um ou dois segundos, Maya se esqueceu de tudo que estava pensando e por que estava ali.

— Posso ajudá-la?

— O quê? — Maya despertou de seu transe. — Desculpe, eu... sim, estou aqui para falar com você sobre...

Maya se esforçou para se concentrar no assunto que precisava resolver, e não no homem. Se fosse se basear em suas experiências, sem dúvidas, ele era casado, gay ou não estava disponível de alguma outra forma. E, como precisava de cada gota de coragem para se distanciar e realizar seus sonhos, não podia se dar ao luxo de se distrair com um romance.

— Gostaria de saber se aceitaria ficar com alguns livros meus para vender? Posso deixar um exemplar se quiser pensar a respeito.

O homem analisou Maya, parecendo refletir sobre sua proposta. Então, para felicidade dela, assentiu.

— Claro — disse ele —, vamos dar uma olhada.

Maya abriu a bolsa, pegou um exemplar antes que ele mudasse de ideia e entregou a ele, nervosa, porém orgulhosa. Ele examinou a capa, lendo em voz alta.

— *Homens, Dinheiro e Chocolate*, de Maya Fitzgerald.

Maya assentiu e sorriu cheia de esperança.

— Título intrigante. Qual é a história?

Maya respirou fundo. Esta era a parte mais constrangedora, o momento que mais temia.

— Bem — começou ela, de uma vez —, é... é um tipo de autobiografia. Sobre a minha jornada de pessoa perdida em um mundo de pensamentos e desejos... minha obsessão por homens, dinheiro e chocolate, até finalmente encontrar meu coração e minha alma... e descobrir que a verdadeira felicidade não vem dessas coisas, mas de correr atrás de seus sonhos e se transformar... na pessoa mais magnífica possível.

Maya abriu um pequeno sorriso antes de começar a tossir. E não conseguiu mais parar. Segurou-se no balcão e se abaixou, a cabeça entre os joelhos. Percebeu que o homem ainda olhava para ela e desejou poder sumir em um passe de mágica.

— Parece ótimo — disse ele finalmente. — Ficarei com dez exemplares.

Após um momento, Maya conseguiu se levantar, sorrir e resistir à vontade de abraçá-lo.

— Mesmo? Isso é incrível, obrigada. Obrigada.

— Claro. Mas, infelizmente, não posso pagar agora, só depois de conseguir vendê-los.

A animação de Maya diminuiu um pouco.

— Ah, claro — disse ela, fingindo que não estava surpresa.

— Perfeito — disse ele. — Então, Maya Fitzgerald, deixe seu número de telefone que ligo assim que vendê-los.

Maya, que rapidamente estava esvaziando a sua bolsa de livros, assentiu, procurou um pedaço de papel e anotou o número do hotel em que estava hospedada.

— Só vou ficar aqui uma semana — explicou Maya enquanto escrevia. — Estou fazendo um pequeno tour pelos Estados Unidos, tentando vender livros por onde passo...

— Mesmo? Nossa! Para onde vai depois?

— Não tenho certeza. — Maya deu de ombros. — Ainda não planejei tudo. Vou ver...

— ... para onde o vento vai te levar.

Maya sorriu.

— É, acho que sim.

Ele se levantou e estendeu a mão.

— Bem, foi um prazer fazer negócio com você, Maya. Aqui está o meu número, assim, depois que for embora, pode ligar para saber sobre o progresso do seu livro.

Maya pegou o cartão dele e leu:

Ben Matthews, A Livraria Alternativa: 415 948 8490, especializada em livros que abrem o coração e libertam a alma.

Maya balançou a cabeça.

— Está ótimo, Ben. Obrigada.

Não precisava mais de chocolate para se confortar, nem de dinheiro para se sentir segura e bem-sucedida. E agora não precisava mais de um homem para saber que era digna de ser amada.

No dia seguinte, encorajada pelo sucesso, Maya fez um tour pela cidade. Não estava interessada nos grandes pontos turísticos; queria conhecer a verdadeira vibração do lugar, explorar os refúgios e vilarejos, os segredos escondidos que o tornavam especial.

Vagou pelas ruas, parando em cafés e lojas, conversando com estranhos e rindo de suas histórias. Finalmente, chegou a um parque onde não havia muita gente.

Foi quando percebeu que passara o dia todo com pessoas, almas aleatórias, por poucos momentos, e amara cada minuto. Acima de tudo, gostava de quem era agora. Não precisava mais encontrar coragem para se conectar. Estava começando a viver a sua vida de forma completa, sem hesitação e sem se criticar o tempo todo.

Atravessou uma ponte de madeira até uma ilha que ficava no meio de um lago. Olhando para o outro lado do lago, percebeu que se sentia tão tranquila quanto o mundo à sua volta. Sua mente estava sossegada e seu coração, calmo. E, então, percebeu que não se importaria se seus livros seriam vendidos ou não ou se alguém os leria. Claro que gostaria que isso acontecesse, como mais uma forma de conexão, mas não estava mais desesperada; não precisava disso para se sentir um sucesso.

Andou por um caminho e, depois, por um bosque cheio de árvores até encontrar uma cachoeira. Encontrou uma grande pedra preta e brilhante e se sentou nela. Água congelante caía em um riacho que corria embaixo de seus pés. Tirou os sapatos, mergulhou os dedos e riu.

Quando o sol começou a se esconder atrás das árvores, Maya se levantou, pegou os sapatos e andou descalça até uma clareira para aproveitar os últimos raios de sol. Do outro lado do lago, a ponta vermelha de um enorme templo se sobressaía acima de uma pequena floresta, sinalizando a entrada do Jardim do Chá Japonês.

Maya ficou encantada. Sempre quis conhecer um jardim oriental. Caminhou por ele, atravessando bosques, assistindo ao pôr do sol. Mas quando chegou aos portões, eles estavam trancados. Por um segundo, ficou decepcionada, mas então sorriu e prometeu a si mesmo que voltaria amanhã.

Na manhã seguinte, acordou cedo. Pegou um bonde para atravessar a cidade e foi em direção ao jardim, visitando algumas pequenas livrarias que havia no caminho. E, para sua felicidade, cada uma ficou com cinco exemplares de seu livro. As pessoas eram tão positivas, amáveis e receptivas comparadas aos nova-iorquinos, e Maya se perguntou por quê.

Foi quando aprendeu mais uma importante lição da vida. Aquelas pessoas não tinham sido antipáticas porque intrinsicamente o eram; foram antipáticas porque ela não se abrira de verdade para eles. Esperara que dissessem não, hesitara, ficando na defensiva, preparando-se para a rejeição que temia estar se aproximando. Inevitavelmente, recebera a rejeição em troca.

Em São Francisco, se abriu, aproximando-se dos donos das livrarias com curiosidade, sempre pronta para a possibilidade de dizerem sim. E agora era isso que ela ouvia em troca. Estava começando a perceber o poder que tinha para criar as circunstâncias na sua vida, tanto as boas quanto as ruins.

Naquela tarde, Maya se sentou em um banco no Jardim do Chá Japonês, cercada por cerejeiras prestes a florir, riachos e lagos, carpas douradas nadando nas sombras do sol, estátuas de pedra polida, pequenos gramados, perfeitas árvores bonsai e templos enormes. O céu estava azul e sem nuvens, e a sombra das folhas de outono contra a luz do sol caía sobre o jardim.

Maya, mergulhada na tranquilidade que a cercava, descansando no bosque silencioso, completamente em paz, observava os visitantes caminharem. Casais passeavam de mãos dadas, mas Maya não ficava mais triste ao ver pessoas apaixonadas. Não precisava mais de chocolate para se confortar, nem de dinheiro para se sentir segura e bem-sucedida. E agora não precisava mais de um homem para saber que era digna de ser amada.

Não conseguia ir embora. Toda vez que tentava se levantar, o corpo não obedecia. Ela só queria ficar ali sentada, observando tudo. Maya acabou se sentando em um banco com vista para um jardim de árvores bonsai que cercava um lago e uma pequena ponte de pedra coberta de heras. Com exceção das montanhas do Arizona, essa era uma das coisas mais bonitas que já vira. E agradeceu a Deus por sua vida, com todos os altos e baixos, por tê-la trazido para este lugar.

Outra peça do quebra-cabeça encontrou seu lugar. Era exatamente como todo mundo tinha dito: primeiro precisou de compaixão, depois de coragem e, por último, de conexão.

Maya percebeu que estava com fome. Não havia se dado conta disso antes, pois seu coração estava cheio, e seu espírito e alma, totalmente em harmonia. Pensou em se levantar para procurar algo para comer, mas seu coração lhe disse para ficar. Então esperou, ainda absorvida pela beleza à sua volta e a sensação de paz que tomava conta de seu ser.

Poucos minutos depois, alguém se sentou ao seu lado. Maya se virou e viu que era o Ben, da livraria.

— Olá. — Maya sorriu, surpresa. — Por que... o que você está fazendo aqui?

Ben olhou para ela, prestes a dar uma mordida em um sanduíche.

— Quer dizer, não esperava vê-lo aqui — gaguejou Maya. — Mas esta é sua cidade, então, é claro, você tem todo o direito de estar aqui.

— Obrigado. — Ben sorriu. — Venho bastante aqui. Adoro as cores do outono.

— É lindo — disse Maya, tentando não mergulhar muito intensamente nos seus olhos castanhos.

— É verdade — disse ele, olhando para ela. — É lindo mesmo.

Sorrindo por dentro e com medo de, por um descuido, beijá-lo, Maya olhou para os pés com tanta atenção que parecia que todos os segredos do mundo estavam gravados ali.

— Vendemos todos os seus livros.

— O quê?! — gritou Maya, levantando o olhar na mesma hora. — Está falando sério?

— Seriíssimo.

— Você comprou todos?

Ben riu.

— Por que eu faria isso?

— É verdade. Claro que não faria. Só não consigo acreditar.

— Mas, de fato, eu li o livro.

— Leu? Mas você provavelmente não... quero dizer, duvido que seja seu tipo de livro. É para mulheres. Escrevi para mim mesma.

— Eu sei — disse Ben —, mas eu adorei.

Maya sorriu, sem conseguir falar.

— E gostei de saber sobre a sua vida. É uma inspiração e tanto.

— Mesmo? — Maya olhou para os pés de novo. — Hmm... Bem, obrigada.

— Você tem como me consignar mais alguns livros?

— Claro que sim! Com certeza. Você acha que vai vendê-los?

— Sei que vou. Já tenho cinco pessoas na lista de espera.

Maya não podia acreditar. Queria subir no banco e pular. Queria agarrar a mão de Ben e começar a dançar. Queria beijá-lo. Em vez disso, sorriu.

— Poxa — disse Maya. — Isso é maravilhoso.

Outra peça do quebra-cabeça encontrou seu lugar. Era exatamente como todo mundo tinha dito: primeiro precisou de compaixão, depois de coragem e, por último, de conexão. E agora, colhendo os frutos por ter aprendido essas lições, Maya estava começando a viver a vida de seus sonhos.

♥

Era como se, depois de aprender as lições, o universo agora estivesse jogando presentes em sua direção, dando a Maya coisas que ela mal lembrava ter pedido.

Depois de saírem do jardim, Maya e Ben passaram o final da tarde caminhando pelo cais do porto. Além de ser lindo, Ben era doce, atencioso e engraçado. Fez muitas perguntas, se mostrando realmente interessado, esperando para ver o que ela diria. Ela percebeu que Ben realmente escutava, sem dar opiniões ou fazer comentários inteligentes que diriam mais sobre ele. Quando ela falava, ele a olhava como se fosse a única pessoa na face da Terra. E ele também se abria, com uma honestidade surpreendente e encantadora.

Maya contou a Ben praticamente tudo sobre si mesma, mas se segurou para não revelar a atração que sentia por ele. Sua centralização recém-descoberta ainda era frágil, e não ousava arriscá-la mergulhando em um relacionamento com Ben. Aprendera essa lição com Jake. Além disso, sabia que iria embora dentro de três dias, então não havia por que abrir as portas para esse tipo de sofrimento.

Mas, naquela noite, não pôde deixar de pensar nele, e esses pensamentos entraram em seus sonhos.

No dia seguinte, Maya levou mais vinte exemplares do livro para Ben, chegando à livraria no momento em que ele estava arrumando uma vitrine para eles. Espalhara moedas de chocolate em volta de uma banca de livros, em cima da qual colocara uma fotografia engraçada de si mesmo.

— Então, você se colocou aí representando os homens, né? — Maya riu. — Que fofo.

— "Fofo"? — Ben sorriu. — Você está aqui há três semanas e já está falando assim?

— Eu estou adorando esse lugar — admitiu Maya, entregando a ele os livros que estavam na mochila.

— Que bom. Já decidiu para onde vai depois daqui?

— Acho que vou subir até Portland. Um camarada simpático que conheci no ônibus disse que existem milhares de livrarias alternativas por lá, como esta aqui.

— Somos apenas uma em um milhão.

Maya sorriu.

— Eu sei que sim.

Logo chegou o final da semana e Maya se programava para ir embora no dia seguinte. Naquela noite, Ben preparou um jantar de despedida para ela. Tomando uma deliciosa sopa de abóbora com bacon, Maya contou a Ben sobre sua paixão pelo Arizona e que prometera a si mesma que voltaria para lá.

— Olha, se você ficar mais alguns dias por aqui, posso levá-la até lá — disse Ben. — Aí você pode deixar Portland para depois.

— Mesmo? Está falando sério?

— Você faz muitas perguntas. — Ben sorriu. — E sim, estou falando sério.

— Bem... nossa! Seria... fantástico. Obrigada. Por que vai para lá?

— Preciso visitar alguns investidores. Estou querendo abrir outra livraria.

— Isso é maravilhoso, assim você vai poder vender meu livro por todos os Estados Unidos — brincou Maya.

Ben olhou para ela alegremente, e Maya sorriu para si mesma. Um ano atrás teria achado que dizer algo assim era ridículo, na melhor das hipóteses, ou insuportavelmente arrogante, na pior. Mas, naquele momento, sentia-se maravilhosamente bem.

— Esta é a melhor sopa que já tomei na vida — disse Maya. — Quem diria que comida salgada pudesse ser melhor do que chocolate?

— Espere até experimentar a garoupa que eu preparo — respondeu Ben, sorrindo. — E o meu macarrão ao molho pesto.

♥

Dentro de três dias, Maya estava dirigindo pelo deserto do Arizona a velha caminhonete vermelha de Ben. Conforme acelerava na autoestrada, indo rápido demais, seu cabelo voou para trás, e Maya se lembrou de quando assistiu ao filme *Thelma e Louise* pela primeira vez. Desde aquela época, sonhava com isso.

Era como se, depois de aprender as lições, o universo agora estivesse jogando presentes em sua direção, dando a Maya coisas que ela mal lembrava ter pedido. Maya gritou de alegria, e Ben riu.

— Está com fome? — perguntou ele.

Maya fez que sim, mas não queria tirar o pé do acelerador nem por um segundo.

— Tem um lugar maravilhoso que vende tacos um pouco adiante na Rota 66.

— Deve ser incrível.

Com Ben, ela estava vendo e experimentando todos os tipos de coisas das quais nunca nem ouvira falar. Maya pensou em como era maravilhoso se conectar a tantas pessoas e receber tanta ajuda. Mal conseguia acreditar que tinha conseguido sobreviver por tanto tempo sem isso.

♥

Meia hora mais tarde, estavam sentados no banco de couro vermelho de um restaurante nada sofisticado, porém muito animado, comendo *fajitas* e olhando para as montanhas.

— Está uma delícia. — Maya sorriu, deixando respingar guacamole em sua camiseta e limpando-a com o dedo.

— Bem, parece que você realmente está gostando da comida — disse Ben.

— Não tento mais morrer de fome e depois comer demais da conta — explicou Maya. — Eu passava a minha vida sentada atrás do balcão de uma confeitaria, comendo em vez de viver. Agora eu simplesmente vivo, e como quando e o que tenho vontade. Não penso mais nisso ou me critico ou me odeio. É maravilhoso!

Ben sorriu.

— Bem, fico feliz que não seja uma daquelas mulheres que vivem de dieta.

— É — disse Maya, rindo —, eu também.

♥

Naquela noite, ficaram em um hotel na beira da estrada, em camas separadas. Nenhum dos dois tinha falado nada sobre o que sentiam um pelo outro, e Maya jurou que não seria a primeira a trazer o assunto à tona. Mas tinha uma outra coisa que vinha pensando em pedir a ele.

Desde que Thomas lhe contara sobre o véu de Maya, sobre viver em ilusão e não ver a verdade, estava com vontade de mudar seu nome, para refletir a transformação pela qual passara. Não vivia mais na ilusão. Não era mais dominada por preocupações e medos; não sofria de baixa autoestima. E Maya queria que seu nome refletisse isso.

— Você se importa de me chamar de May? — pediu ela, quando Ben ia apagar a luz.

— Tudo bem.

— De qualquer forma, a minha prima já me chama de May, então não será uma mudança tão radical — continuou ela. — Maio é o meu mês favorito e fica na primavera. Pode representar o meu renascimento.*

— Não precisa se explicar. — Ben sorriu. — Eu a chamaria de Fred se você preferisse.

Ao cair no sono, May pensou, pela milésima vez naquele dia, que Ben era a pessoa mais encantadora que já conhecera e se perguntou se havia alguma chance de ele sentir a mesma coisa por ela.

---

* *May* é o nome para o mês de maio, em inglês. (N. do T.)

As palavras pairaram entre eles, flutuando no ar, suspensas entre as montanhas. E apesar de onde tinha chegado, de tudo que tinha aprendido e de quanto amava a si mesma, May ainda não conseguia acreditar.

No dia seguinte saíram da autoestrada, pegando trilhas de terra que cortavam as montanhas. May contemplou a beleza das lindas rochas vermelhas, desejando poder esticar a mão e tocá-las. Seguiram a trilha, os dois encantados pela paisagem, até que Ben falou.

— Vou levá-la ao Parque Nacional Zion.

— Ótimo — disse May, que nunca ouvira falar dele, mas achou que o nome prometia experiências mágicas.

Ben virou, entrando em uma clareira e parando o carro. May abriu a porta e saiu em um pulo, levantando uma nuvem de poeira vermelha que cobriu seus chinelos. Ben seguiu na direção da montanha mais próxima.

— Venha comigo.

May correu atrás dele, levantando mais poeira.

— Tem um penhasco aonde quero levá-la — disse Ben, pegando a mão dela. — Você tem de subir sozinha. Dizem que quando ficamos de pé ali, recebemos uma mensagem de Deus.

— Mesmo? Que incrível!

Caminharam por vales, cortando caminho entre os penhascos e passando por cachoeiras, até que finalmente chegaram a Angel's Landing.

May virou-se para Ben, que já estava olhando para ela.

— Então, quer dizer que agora eu tenho de subir sozinha?

Ben assentiu.

— Mas eu tenho de lhe dar uma coisa antes que suba — disse ele.

— Espero que seja uma corda de segurança. — May sorriu, levantando o olhar para o penhasco.

Então, ele a beijou.

No final, só se olharam. Ben tocou sua bochecha.

— Eu sou seu, sabia?

As palavras pairaram entre eles, flutuando no ar, suspensas entre as montanhas. E apesar de onde tinha chegado, de tudo que tinha aprendido e de quanto amava a si mesma, May ainda não conseguia acreditar.

— Mas... você... eu... nós... Não fiz nada de especial... Não sou...

Ben apenas sorriu para ela.

— May — disse ele, baixinho —, você é magnífica.

Sabia que não precisava de mais nada. Tinha tudo. Era tudo. Estava completamente sozinha e, mesmo assim, nunca sentira uma conexão maior em toda a vida.

May ficou de pé no pico do Angel's Landing e olhou para o topo das montanhas que recortavam o céu, para o vasto deserto, até que não conseguisse mais ver seu limite. Seu coração foi tomado de alegria, e seu corpo, de excitação.

Sentia o ar vibrando, a pulsação da vida correndo na ponta de seus dedos, e o riso brotando dentro de si. Sabia que não precisava de mais nada. Tinha tudo. Era tudo. Estava completamente sozinha e, mesmo assim, nunca sentira uma conexão maior em toda a vida.

Ali, em pé no topo do penhasco, May simplesmente sabia que nada mais seria igual. Jogou os braços para cima, levantou a cabeça e contemplou o céu. Observou as nuvens passarem até que tivesse uma vista completa do céu, do paraíso. Sorriu, os olhos cheios de lágrimas.

— Obrigada — sussurrou ela. — Obrigada.

Receitas e vida real

Antes de encontrar toda a coragem necessária para seguir os meus sonhos de coração aberto, a comida (principalmente o chocolate) era a minha dolorosa obsessão. Minhas tentativas para resistir e as inevitáveis vezes em que comi demais consumiam grande parte da minha energia criativa.

É claro que eu me autocriticava e me repreendia por isso, sempre me perguntando o que havia de errado comigo. Mas, no final, para minha grande surpresa, descobri que era muito simples: não havia nada de errado comigo, eu apenas não estava vivendo uma vida que amava.

Quando percebi isso, quando tive coragem suficiente para ser verdadeira com meu coração e parar de acreditar na minha mente (ainda um desafio e uma escolha que preciso fazer todos os dias!), o "problema com a comida" se resolveu sozinho.

Ainda preciso cuidar dos meus hábitos. Sempre que o medo toma conta de mim e começo a sucumbir a pensamentos negativos, naturalmente começo a caminhar em direção à geladeira. Mas quando estou escrevendo, cantando, dançando, rindo e vivendo de acordo com meu coração, não penso nenhuma vez no meu estômago.

Desejo que você tenha essa mesma experiência e espero que este livro tenha lhe ajudado a amar seu corpo, a se libertar, e a encorajado a se preocupar obsessivamente com a felicidade em vez de com as calorias!

Nesse espírito, gostaria de compartilhar com você alguns dos meus pratos favoritos (de acordo com as estações em que costumo comê-los)...

As receitas salgadas foram inventadas por Artur de Sá Barreto, meu marido extremamente talentoso, sem o qual eu certamente estaria subnutrida. E as receitas doces foram especialmente criadas pelo chef Jack Van Praag, que, além de ser meu irmão, é meu fornecedor pessoal de doces tentadores e deliciosos.

Receitas de primavera

Macarrão ao molho pesto com chilli

Eu não era fã de pesto até experimentar o pesto caseiro. A receita de Artur é a melhor que já provei, então sempre temos bastante manjericão nos meses de primavera e verão. O chilli (cultivado em casa pelo meu marido) não é picante o suficiente para se sobressair, mas faz maravilhas ao sabor.

SERVE 2 PESSOAS

PARA O PESTO
30 G DE FOLHAS DE MANJERICÃO
1 DENTE DE ALHO PICADO
90 ML DE AZEITE DE OLIVA
30 G DE PINÓLIS
1 CHILLI VERMELHO PEQUENO E SUAVE
1/2 COLHER DE CHÁ DE SAL
1/4 DE COLHER DE CHÁ DE PIMENTA-DO-REINO
1/2 COLHER DE AÇÚCAR GRANULADO
35 G DE QUEIJO PARMESÃO CORTADO EM CUBOS
1 COLHER DE CHÁ DE VINAGRE BALSÂMICO (DE 21 ANOS SE POSSÍVEL)

3 NINHOS DE MACARRÃO CABELO DE ANJO OU VERMICELLI

- Para fazer o pesto, use um multiprocessador, se tiver, mas um moedor de café também serve! Junte o manjericão, o balsâmico, o alho, o azeite, os pinólis e o *chilli* e misture tudo. Acrescente o sal, a pimenta-do-reino e o açúcar. Coloque o queijo parmesão e misture de novo.
- Cozinhe a massa por 3 minutos, até que fique *al dente*. Deixe esfriar um pouco antes de adicionar o molho pesto.

Donuts (roscas) de lavanda

Roscas fresquinhas são uma das guloseimas mais deliciosas que existem. O calor que emanam nas mãos, o cheiro doce do açúcar, e a farinha frita: crocante por fora e macia por dentro... Delícia! Não são a coisa mais fácil do mundo de se fazer, mas acredito que valem o esforço, já que os donuts que compramos prontos não chegam nem perto da perfeição das rosquinhas feitas em casa!

RENDE 16 *DONUTS*

1 RAMINHO DE LAVANDA FRESCA
200 G DE AÇÚCAR REFINADO

170 ML DE LEITE
12 G DE FERMENTO FRESCO
90 G DE AÇÚCAR REFINADO
500 G DE FARINHA DE TRIGO
UMA PITADA DE SAL
1/2 FAVA DE BAUNILHA
30 G DE MANTEIGA CORTADA EM CUBOS
2 OVOS
ÓLEO VEGETAL PARA A FRITURA

Açúcar de lavanda

- Corte o raminho de lavanda em pedaços pequenos. Junte a lavanda e os 200g de açúcar em um pote impermeável antes de usar.
- Espere no mínimo uma semana.
- Dica: é difícil encontrar lavanda para fins de culinária, mas você pode substituir o açúcar de lavanda por açúcar de baunilha ou canela.

Donuts

- Todos os ingredientes devem estar em temperatura ambiente. Coloque o leite em uma tigela pequena, acrescente o fermento, 90 g de açúcar refinado, 125 g de farinha e misture. Deixe descansar. Peneire o resto da farinha em uma tigela grande, depois acrescente o sal, as sementes de baunilha retiradas da fava, a manteiga e os ovos. Acrescente a mistura com leite e mexa.

- Coloque a massa em uma superfície e amasse até que fique lisa e elástica. Talvez seja necessário acrescentar mais um pouco de farinha. Dependendo dos seus esforços, é provável que esta etapa leve uns dez minutos. Faça uma bola com a massa e cubra com um pano úmido até que dobre de tamanho. A massa da rosquinha fica ainda mais saborosa quando deixada na geladeira de um dia para o outro, mas isso depende do tamanho da sua paciência...

- Trabalhe de novo a massa até que ela volte ao seu tamanho original. Estique-a com um rolo até que tenha uns 3 milímetros de espessura. Neste ponto, corte os donuts. O melhor é cortá-los em quadrados, e não em círculos, pois cozinham mais fácil. Deixe descansar até que a massa dobre de tamanho.

- Esquente uma caçarola com uns 3 cm de óleo a 170°C. (Será necessário regular e verificar a temperatura com um termômetro para cozinha.) Frite os donuts até que estejam levemente dourados, depois passe-os no açúcar de lavanda e deixe esfriar por alguns minutos. Coma imediatamente!

- *Dica de segurança:* tenha cuidado, óleo quente é perigoso. Pode espirrar, queimar e pegar fogo.

Receitas de verão

Garoupa ao vinho branco na manteiga

No verão, eu e Artur comemos isto todos os domingos de tarde. Os sabores são tão sutis e simples, e o peixe, tão delicado, que realmente derrete na boca. E ainda tem o bônus de ser inacreditavelmente saudável.

SERVE 2 PESSOAS

2 FILÉS DE GAROUPA FRESCA
50 ML DE AZEITE DE OLIVA EXTRAVIRGEM
75 ML DE VINHO BRANCO SECO
1 COLHER DE SOPA DE VINAGRE DE VINHO BRANCO
1 COLHER DE CHÁ DE SAL MARINHO
1 CABEÇA DE ALHO
1 CHILLI VERMELHO PEQUENO E SUAVE
6 BATATAS MÉDIAS
ORÉGANO
85 G DE MANTEIGA
100 ML DE LEITE
SAL E PIMENTA-DO-REINO
150 G DE COUVE

- Lave e seque os filés de garoupa. Coloque-os em um tabuleiro raso e os marine com azeite, vinho branco, vinagre e sal. Corte o alho e o chilli bem fininhos e acrescente à marinada. Vire os filés para que fiquem igualmente cobertos. Se tiver tempo, deixe-os marinar por uma hora, mas nunca menos do que vinte minutos. (Se for mariná-los por mais de 20 minutos, cubra-os e coloque-os na geladeira.)
- Cozinhe as batatas com um pouco de orégano e sal até que fiquem macias. Retire a água. Derreta 40 g de manteiga em outra panela e acrescente leite. Deixe ferver, depois coloque as batatas no leite quente. Deixe aquecendo por 3 a 4 minutos e tempere com um pouco de sal e pimenta. Apague o fogo e amasse as batatas até obter um purê cremoso.
- Para o molho, derreta 25 g de manteiga em uma pequena caçarola. Acrescente o molho da marinada e deixe ferver por uns dez minutos.

- Enquanto as batatas estiverem cozinhando, em outra panela, coloque a couve também para cozinhar, o que levará 2 ou 3 minutos.
- Aqueça uma frigideira antiaderente em fogo médio. Derreta 20 g de manteiga e frite os filés com a pele para baixo por 3 minutos. Vire e deixe cozinhar por mais dois minutos. Pode ser necessário ficar mais um pouco, dependendo do tamanho do filé. Sabemos que a garoupa está pronta quando a carne está toda branca.
- Coloque o peixe em um prato com o purê de batatas e a couve. Jogue o molho da caçarola na frigideira que usou para fritar o peixe e deixe ferver por um minuto. Jogue o molho em cima do peixe e sirva.
- *Dica:* se não encontrar garoupa, tilápia também combina muito bem com esse molho.

Sorvete de caramelo crocante (com Maple syrup)

Sorvete é o acompanhamento perfeito para um dia ou uma noite de verão. Enquanto o chef van Praag prepara uma incrível variedade de sabores, pessoalmente, eu prefiro este por causa de seus contrastes e texturas. A combinação do sorvete gelado e cremoso com o caramelo crocante e o chocolate quente derretido não é nada menos do que uma sensação de sabores.

Caramelo Crocante

20 g de glicose líquida (disponível em lojas especializadas em ingredientes para confeitaria e em alguns supermercados)
80 g de Maple Syrup (xarope de bordo, disponível em alguns supermercados)
175 g de açúcar refinado extrafino
130 ml de água
6 g de bicarbonato de sódio

Sorvete

400 ml de leite integral
600 ml de creme de leite
5 gemas de ovo
115 g de açúcar refinado
1 1/2 de favas de baunilha

Caramelo Crocante

- Coloque a glicose em uma panela funda (senão a mistura poderá respingar no seu fogão quando acrescentar o bicarbonato de sódio), usando uma colher para soltar a parte grudenta, se necessário. Acrescente o xarope de bordo, o açúcar e a água e misture tudo. Deixe ferver (sem mexer mais) em fogo médio. Com um termômetro de açúcar, verifique a temperatura e tire do fogo quando estiver a 146°C. (Se chegar a 150°C, vai queimar e ficar com um gosto horrível.)

- Acrescente o bicarbonato de sódio logo, misturando com vigor, mas com muito cuidado para evitar que respingue enquanto sobe. Jogue a mistura em uma forma antiaderente (18 cm x 18 cm), de preferência de silicone. Você também pode usar uma forma untada. Deixe esfriar à temperatura ambiente por mais ou menos uma hora.

- *Dica:* no caso de respingar caramelo no seu fogão ou em algum utensílio, é só tirar com água fervendo.

- *Dica:* esse caramelo vai derreter na sua boca. Se você prefere que fique mais durinho, acrescente 5g de glicose líquida.

Sorvete

- Misture o leite e o creme de leite em uma panela, e antes de ferver acrescente as sementes de baunilha retiradas das favas. Tire do fogo. Bata os ovos e o açúcar até que a mistura fique mais clara. Adicione o leite quente e continue batendo. Coloque a mistura em uma panela limpa. Leve ao fogo brando, até ficar no ponto em que grude na colher de pau. Certifique-se de que a massa não embole, mas misture com cuidado. Peneire a mistura em uma tigela fria.

- Coloque em uma máquina de sorvete e bata até ficar consistente. Depois acrescente o caramelo, cortado em pequenos pedaços. Sirva com chocolate derretido.

- *Dica:* se não tiver máquina de sorvete, não se preocupe! Apenas coloque o sorvete em um pote de plástico (com tampa) e coloque no congelador. Retire trinta minutos depois e mexa até ficar homogêneo. Coloque de volta ao congelador e repita o processo três a quatro vezes até que o sorvete esteja completamente congelado e homogêneo. Acrescente o caramelo no último estágio, depois de acabar de mexer, mas antes de estar totalmente consistente.

- Quando estiver mexendo a mistura no fogo brando, para que os ovos sejam pasteurizados (assim evitando uma possível salmonela), eles precisam ficar no calor de 72°C por cinco minutos.

Receitas de outono

Sopa de abóbora com bacon

Meu marido Artur tem um extenso, e sempre espontâneo, repertório de sopas cujas receitas deixo em um caderno que fica no armário da cozinha. Esta é uma que exijo que ele faça todos os dias de dezembro. Como bom português, ele geralmente cobre o sabor dos vegetais com bacon, mas esta sopa também fica deliciosa com amêndoas.

SERVE 4 PESSOAS

1 TABLETE DE MANTEIGA COM SAL
3 COLHERES DE SOPA DE AZEITE DE OLIVA
1 ABÓBORA MÉDIA, CORTADA EM CUBOS
1 CABEÇA DE ALHO AMASSADA
CÚRCUMA
PIMENTA EM PÓ SUAVE
PÁPRICA
1 BATATA BAROA EM CUBOS
2 CUBOS DE CALDO DE LEGUMES
1 1/2 LITRO DE ÁGUA
2 BATATAS MÉDIAS EM CUBOS
100 ML DE LEITE
50 G DE QUEIJO PARMESÃO
SAL E PIMENTA-DO-REINO PARA TEMPERAR
OPCIONAL: 3 PEDAÇOS FINOS DE BACON OU UM PUNHADO DE AMÊNDOAS CORTADAS

- Coloque o azeite de oliva e o tablete de manteiga em uma panela funda. Derreta a manteiga, então acrescente a abóbora e o alho. Depois, coloque cúrcuma, pimenta em pó e páprica para dar sabor. Em fogo médio, mexa até ficar macia e dourada.

- Acrescente a batata baroa e mexa. Dissolva os cubos de caldo de legumes em um litro e meio de água fervente e coloque um terço na panela. Coloque as batatas. Deixe ferver e coloque o resto do caldo de legumes. Deixe ferver em fogo médio até que todos os legumes estejam macios. Abaixe o fogo e acrescente o leite. Deixe cozinhar por cinco minutos.

- Misture a sopa na panela com um misturador manual. Coloque o queijo parmesão, sal e pimenta e prove. Deixe os sabores infundirem por dez minutos antes de servir.
- Para servir, cubra a sopa com bacon crocante (cortado bem fininho) ou salpique amêndoas cortadas.

Trufas de mel silvestre e ameixas

Eu adoro trufas de chocolate, e estas são maravilhosas. Por incrível que pareça, também são fáceis de fazer (embora aperfeiçoar a receita não tenha sido — tive a árdua tarefa de comer milhares de trufas para testar cada receita) e, claro, valem muito a pena.

RENDE APROXIMADAMENTE 50 TRUFAS

210 ML DE ÁGUA
3 COLHERES DE SOPA DE MEL SILVESTRE
240 G DE MANTEIGA SEM SAL
400 G DE CHOCOLATE AMARGO (COM PELO MENOS 72% DE CACAU)
40 AMEIXAS (OU CEREJAS ÁCIDAS), SEM CAROÇO E CORTADAS
UM POUCO DE CACAU EM PÓ PARA COBRIR

- Aqueça a água e o mel em uma panela. Quando atingir o ponto de fervura, tire do fogo. Acrescente a manteiga e mexa junto com o chocolate. Mexa bem, depois coloque as ameixas. Jogue em uma forma (de mais ou menos 18 cm x 25 cm) e deixe esfriar na geladeira por duas horas ou até que fique duro.
- Tire da geladeira e corte em quadrados. Passe no cacau em pó antes de comer.

Receitas de inverno

Canja portuguesa

Independente de onde eu esteja quando como esta sopa, ela sempre me transporta para a cozinha da minha sogra na ilha da Madeira, um lugar adorável. Se você conseguir encontrar os temperos autênticos, também será transportada para Portugal. Mas, mesmo sem eles, ainda fica uma delícia.

SERVE 4 PESSOAS, OU 2 COM MUITA FOME

55 ML DE ÓLEO VEGETAL
4 PEDAÇOS DE FRANGO (COXA OU PEITO)
1 COLHER DE SOPA DE PÁPRICA VERMELHA (MELHOR AINDA, COLORAU)
1 COLHER DE CHÁ DE PIMENTA EM PÓ SUAVE (MELHOR AINDA, PIMENTA MOÍDA)
2 FOLHAS DE LOURO
1 CABEÇA DE ALHO CORTADA
1 TOMATE MÉDIO CORTADO
1 COLHER DE SOPA DE MOLHO DE TOMATE
1 CEBOLA BRANCA MÉDIA FATIADA
SAL PARA TEMPERAR
50 ML DE VINHO BRANCO SECO
1 1/2 LITRO DE ÁGUA
5 BATATAS MÉDIAS CORTADAS
4 CENOURAS CORTADAS
200 G DE ERVILHA

- Aqueça o óleo em uma caçarola funda, acrescente o frango e os temperos, as folhas de louro, o alho, o tomate, o molho de tomate, as cebolas e o sal. Mexa bem até que o frango esteja igualmente coberto. Frite por uns oito minutos até que as cebolas fiquem macias. Coloque o vinho e cozinhe por mais cinco minutos antes de acrescentar água e deixar ferver. Coloque as batatas. Quando estas estiverem quase cozidas, coloque as cenouras. Deixe ferver por mais sete minutos. Finalmente, acrescente as ervilhas. Cozinhe por mais dois ou três minutos. Deixe esfriar por alguns minutos antes de servir.

Brownies de chocolate com aveia

Se eu tivesse de escolher apenas uma receita com chocolate para que durasse o resto da minha vida, seria esta. Nunca consigo parar depois de comer o primeiro, e aposto que você também não conseguirá. Para ter uma experiência dos deuses, aproveite uma noite de inverno para comer o brownie com uma xícara de chocolate quente, aninhada em um sofá em frente à lareira.

RENDE 16 PEDAÇOS, MAS DEPENDE DO TAMANHO DA SUA VONTADE...

220 G DE MANTEIGA SEM SAL
1 FAVA DE BAUNILHA
280 G DE AÇÚCAR MASCAVO
4 COLHERES DE SOPA DE XAROPE DE MILHO (KARO)
UMA PITADA DE SAL
60 G DE CACAU EM PÓ DE BOA QUALIDADE
300 G DE AVEIA

- Derreta a manteiga em uma caçarola, depois apague o fogo e jogue as sementes de baunilha. Jogue a fava também e deixe infundir por meia hora. Tire a fava da baunilha e coloque a panela de volta em fogo brando, depois acrescente o açúcar, o xarope de milho, o sal e o cacau. Ferva em fogo brando e mexa por cinco minutos. Coloque a aveia e misture. (Tente não comer muita massa crua!)
- Despeje a massa em uma forma e pressione a massa até que fique com uns 2 cm de altura. Asse por 25 minutos no forno médio. Tire do forno, corte em quadrados e deixe esfriar antes de comer.

Com amor agradeço a...

Meu marido, Artur, cuja generosidade, humor, doçura e brilhantismo são uma bênção todos os dias. Minha mãe, Vicky, uma inesgotável fonte de fé, sabedoria, alegria e inspiração. Meu pai, David, por seu amor, seus genes literários e por ter dito que nasci para ser escritora. Meu irmão, Jack, que enche o meu coração de felicidade e minha barriga com sua genialidade gourmet. Meus avós, Arnold e Fay, por me amarem, escutarem e por serem modelos maravilhosos que sempre se mantiveram fiéis aos seus sonhos. Christine, que nos acolheu embaixo de sua asa e em seu coração, a madrasta mais carinhosa que uma menina poderia sonhar ter. Ray, um padrasto que se sacrificou tanto, obrigada por seu coração generoso. Minha doce Idilia, que se tornou minha alma gêmea instantaneamente e constante incentivadora. Minha linda prima Lucy, por seu coração bom e mente aberta. Minha tia Kathy, por me encorajar e apoiar desde o início. Steph, Celso, Mark e Alan, por me aceitarem em sua família. Mai e Pai, por me aceitarem e amarem incondicionalmente.

Meus primeiros editores: Timma, Nanette, Katia, Angela e P.K. Os meus primeiros leitores: Idilia, Valerie, Hazel,

Rosie N., Hilli, Heike, Kelly-Jo, Jodi, Holly, Fern, Abi, Susan, Josh W., Alisa, Julie, Yolanda, Karen H., Ursula, Katja, Colleen, Jaime, Cindee, Isabelle, Dorothy, Alex, Britta, Antje, Rosie A., Sandra, Vicky e Mark. Suas contribuições foram inestimáveis.

Agradecimentos especiais a Ariel e Shya Kane, por toda sua inacreditável sabedoria, percepção, inspiração e compaixão. Vocês são dois milagres na minha vida e dádivas para o mundo. Sem vocês duas, não haveria livro — obrigada, obrigada, obrigada! E para o restante da comunidade Transformational (que não mencionei antes) que também são inspiradores: Stephan e Maiken; Stefanie e Rainer; Rod e Caitlin; Amy e Andy; Marie e Josh; Mac e Ellen; Ralf e Arne; Joe e Lenore; Harry e Annette; Britt e Frank; Tricia e Sue; Bill e Charlotte; Claudia e Bernd; Dorina e Norman; John, Karen L., Tony, Stefanie E., Stefanie H., Andy S., Sandy, Andrea, Elfi, Terri, Livia, Tanja, Christina, Sonja, Carola, Heidi, Henning, Katrin, Sue D., Susan F., Colleen, Ulf, Jessica, Stan — e todos os outros companheiros maravilhosos que posso tolamente ter esquecido...

Minha querida amiga Stefanie, que dedicou seu grande talento e precioso tempo para desenhar a primeira capa do livro e o lindo website. E a incrível Fernanda Franco, que fez a primeira arte na qual a capa atual foi baseada. Vocês realmente me fizeram muito feliz.

Colegas escritores Penny, Katia e Laurence pelo talento maravilhoso, apoio infinito e honestidade constante — vocês são o melhor grupo de escritores e amigos mais amorosos que eu poderia sonhar. Dave, por seu espírito generoso, por sempre estar lá e por sempre colocar a barra tão alta!

E para mais amigos que estão longe: a linda Val, por tanta diversão!; Rachele, por cuidar tanto de mim; Ben, por seu amor incondicional; Har Hari, por nutrir a minha alma; Steve

B., por seu tempo, sabedoria e apoio; Simon S., por ser um porto em Oxford; Prince Thomas, por sempre dizer sim; Jules, por ser sempre o melhor amigo; Jack, por ser tão brilhante e ter um coração tão grande; Nashy, por toda a diversão e ingressos de cinema grátis; Paul, por ser incrivelmente leal e amável; Lotte, por ser a minha primeira e mais maravilhosa professora de dança; Rosie, por todas as tardes preguiçosas na cafeteria e por sua escrita tão divertida; Jaime, por sua compaixão; Hazel, por todos os chocolates quentes; Rosie Pie, pelo bolo inteiro e pelos dias de Marilyn; Melissa, por ser uma amiga de longa data; Krishna, por sua visão e inspiração; Emma, por sua risada; Alice e Cosi, por suas habilidades em kick boxing; Morgan, por seus bolinhos de creme com cookie; Martin T., por todos os seus atos generosos; Al, por me nocautear; Alex C., por tornar a vida em um escritório mais suportável; M.J., por seu entusiasmo; Juliette, por seus risos de ioga; Oksana, por ser tão doce e generosa; Pam, David W., Louise C., Alice R., Miriam, Francois S., Paul S., Don A., os Cambridge Lindy Hoppers; Matt e Lotte, Katherine, Gill, Bill, Maria, Gerald, Mirjana, Sam, Natalie, Lara, Barney, Toni, Gemma, Will, Liz e James, Robert, Ros, Colin, Mike, Asif, Claire, Holly e Alex.

Muito obrigada Katie Fford e Fiona Walker por sua gentileza e generosidade ao lerem o trabalho de uma escritora desconhecida. E Sophie e Audrey Boss, por fazerem o mesmo. Kate Osborne, por apoiar a versão de publicação autônoma e me encorajar nos momentos difíceis. Alice Ryan, por ser tão doce, simpática e talentosa. Louise, uma alma generosa e adorável.

Hannah, Simon, Andy e Helen da Borders, Cambridge, por amarem o livro e acreditarem nele desde o início. Klaus da Watkins, Brian da David's e todos da Ark, pela generosidade de se arriscarem com uma novata.

Todos os meus professores magníficos: Jeff e Julie, por serem os primeiros a abrir o meu coração; Carol Stewart, por ser tão inspiradora, ela até me fez amar Chaucer; e Simon Skinner, Maurice Keen, Martin Conway e John Davis, por toda a paciência, sabedoria compartilhada e inexplicável generosidade e gentileza.

Por último, e não menos importante, agradeço a toda a equipe da Hay House por trazer este livro ao mundo e espalhar sua mensagem de uma forma que eu nunca conseguiria sozinha. Gratidão eterna a Michelle, por acreditar no livro; a Alexandra, por fazer um trabalho incrível de vendê-lo para o resto do mundo; a Wendy e Joanna, por aperfeiçoarem o manuscrito; a Leanne, pelos lindos projetos; a Jo e Louise, por todos os esforços publicitários; e a Amanda, por todo entusiasmo, apoio constante e paciência sobre-humana com meus infinitos e-mails. Eu não poderia ter encontrado um lar melhor para o livro. Obrigada.

Este livro foi impresso na
LIS GRÁFICA E EDITORA LTDA.
Rua Felício Antônio Alves, 370 – Bonsucesso
CEP 07175-450 – Guarulhos – SP
Fone: (11) 3382-0777 – Fax: (11) 3382-0778
lisgrafica@lisgrafica.com.br – www.lisgrafica.com.br